Um longe perto

MARCELO LINS

Um longe perto

Histórias de um jornalista
nesse mundo que dá voltas

Prefácio de André Fran
Ilustrações de Rodrigo Furtado

AGIR

Copyright © 2021 by Marcelo Lins

Direitos de edição da obra em língua portuguesa no Brasil adquiridos pela AGIR, selo da EDITORA NOVA FRONTEIRA PARTICIPAÇÕES S.A. Todos os direitos reservados. Nenhuma parte desta obra pode ser apropriada e estocada em sistema de banco de dados ou processo similar, em qualquer forma ou meio, seja eletrônico, de fotocópia, gravação etc., sem a permissão do detentor do copirraite.

Editora Nova Fronteira Participações S.A.
Rua Candelária, 60 — 7.º andar — Centro — 20091-020
Rio de Janeiro — RJ — Brasil
Tel.: (21) 3882-8200

Dados Internacionais de Catalogação na Publicação (CIP)
(Câmara Brasileira do Livro, SP, Brasil)

Lins, Marcelo
   Um longe perto: histórias de um jornalista nesse mundo que dá voltas / Marcelo Lins; ilustrações Rodrigo Furtado. – 1. ed. – Rio de Janeiro: Agir, 2021.
   240 p.

ISBN 978-65-58370-50-5

1. Crônicas brasileiras I. Título.

21-58568   CDD-B869.8

Índices para catálogo sistemático:
1. Crônicas: Literatura brasileira   B869.8
Aline Graziele Benitez – Bibliotecária – CRB-1/3129

A meu pai, Marcos, que me incentivou a gostar do mundo;
a minha mãe, Fáfa, por provar que, apesar dos pesares,
vale a pena insistir; à Clarissa, meu amor, meu porto seguro;
e a meus filhos, Antônio e Joaquim, a vida que segue.

> Jornalismo é sobre contar para as pessoas
> coisas que elas não sabiam antes.
> Ou que pensavam que sabiam.
>
> IVAN LESSA

Sumário

Prefácio **11**
André Fran

Nova Iguaçu, Vietnã **17**
Sagrada Cidade da Paz **37**
Sarajevo e a terra da liberdade **59**
Anne Frank e o cristão-novo **79**
Incenso e tecnologia da informação **99**
Rumo à Estação Sibéria **121**
Brizola, Filhós e *Mamma Mia* **141**
Kung Fu Panda e a humildade diante de um gigante **161**
USA ou nem sei **181**
Montanhas de lembranças **209**
Posfácio de férias **232**

Prefácio

Conheci Marcelo Lins quando a série de TV que eu fazia sobre viagens a destinos polêmicos passou a ser exibida na grade da GloboNews. Lins foi encarregado de ser nosso supervisor. Era com ele que nossa equipe debatia os possíveis destinos, escolhia pautas, afinava abordagens e o que mais fosse necessário para o programa ficar cem por cento para ir ao ar. Mas as reuniões de pré-produção, quando decidíamos os roteiros seguintes, eram especialmente prazerosas. Se a próxima parada fosse o Iraque, Lins lembrava que era legal abordar o exército Peshmerga combatendo o Estado Islâmico (ISIS) de forma improvisada nos confins do Curdistão iraquiano, tema que ele havia pinçado no noticiário árabe. Quando íamos para o Senegal, ele nos instigava a explorar as raízes do colonialismo francês na culinária local, por conta de uma matéria muito curiosa que havia lido no *Le Monde*. Antes de nossa ida para o Irã, Lins destacava a necessidade de mostrar a riqueza da literatura persa quando estivéssemos na cidade de Shiraz, que ele tinha visto em um imperdível documentário da BBC. Para a empreitada na Rússia, ele recomendou efusivamente um restaurante na rua Lubyanka de onde era possível observar o entra e sai do prédio da KGB (atual FSB), a agência de segurança da antiga União Soviética. E era assim, fosse o Japão, a Ucrânia, a Coreia do Norte ou a esquecida cidade de Dakota do Sul, nos Estados Unidos, o nosso destino. Não havia um lugar sequer do globo para o qual Lins não tivesse uma dica histórica, uma observação política ou uma curiosidade cultural. Ele não sabe disso até hoje, mas na época o seu apelido entre a gente era "Enciclopédia".

Para um jornalista apaixonado especificamente por geopolítica internacional, eram uma delícia esses nossos encontros ali na sala de reuniões da sede da GloboNews, no Jardim Botânico. E era melhor ainda poder contar com Lins ao longo de todas as etapas de produção do programa. Porque sua participação não se limitava às sugestões de viagem; ele tinha interesse e observações valiosas para cada detalhe do processo, desde a melhor forma de decupar uma entrevista até os termos mais precisos para um texto de encerramento. Porque Lins é aquele tipo de jornalista que joga nas onze. Cruza e corre pra cabecear. E só pode fazer isso quem tem qualidade, né? Ninguém espera que o Vitinho dê carrinho na defesa e apareça no ataque fazendo gol de placa (só para dar uma alfinetada no seu Flamengo, que hoje em dia está acima de qualquer crítica). Como um Midas da imprensa, o que Lins toca cresce em relevância jornalística.

Alguns anos depois, passei a integrar a bancada do *GloboNews Internacional*, que tem Marcelo Lins como apresentador principal. E também ali ele desfilava conhecimento trazendo à luz e comentando as principais notícias do mundo na semana. Tem uma facilidade enorme para abordar temas pesados de maneira leve, com a sobriedade necessária e sem perder o clima de papo entre amigos — falando seja das eleições parlamentares da Turquia, seja das tentativas de golpe no Peru. Era o mestre de cerimônias sempre comprometido com a informação. Se uma notícia carecia de contexto, Lins improvisava informações adicionais para dar fundamento. Se um comentário errava a mão na opinião, ele trazia uma perspectiva importante. Se a prosa pesava um pouco demais, ele vinha com alguma anedota cultural para arrematar. Garantindo sempre os princípios primordiais do bom jornalismo — algo tão importante hoje em dia. E isso na maior naturalidade e elegância.

Mas para que esses elogios merecidamente rasgados ao jornalista Marcelo Lins, quando um prefácio deveria ter como missão principal apresentar a obra do (agora) autor? Sim, ao longo do tempo e com a maior convivência, passei a ter a honra de considerar como um amigo esse jornalista que tanto admiro. Mas não é só por isso. Acredito que ler *Um longe perto* é conhecer um pouco mais o Lins "tanto no pessoal quanto no profissional", como diria o grande Fausto (o apresentador dominical, não o personagem de Goethe). Esse "estilo Lins de ser", que tentei descrever aqui em poucas linhas, faz eco nas páginas do livro que você tem em mãos. Cada capítulo é uma viagem no espaço e no tempo na companhia do jornalista literato. Imagina agora como deve ser viajar com um amigo-guia possuidor desse nível de conhecimento da história do mundo. Não precisa imaginar, basta cair dentro das próximas páginas.

Em uma prosa leve como a de quem troca ideia com um camarada, Lins vai conduzindo o leitor por algumas de suas coberturas jornalísticas mundo afora. De carona, a gente tem a oportunidade de acompanhar seu olhar atento sobre o mundo e suas observações curiosas que revelam passagens importantes da história. O profundo e o prosaico em total harmonia, como em uma conversa de bar.

Visitando a Grécia em 2004 para produzir material sobre as Olimpíadas, Lins rememora os musicais de sua infância, se lembra de Raul Seixas, menciona o filme *Tropa de elite*, cita o Chipre e evoca o falecido político brasileiro Leonel Brizola para traçar um panorama original das relações entre a Grécia antiga e a moderna. Antes de embarcar para Israel, um Marcelo Lins ainda em início de carreira conduz o leitor por Londres e discorre casualmente sobre as raízes etimológicas do simpático bairro de Chalk Farm (spoiler: não tem nada a ver com giz, como eu sempre suspeitei). Já em território israelense, mergulhos no mar Morto, confusões em albergues e passeios por territórios disputados ornam uma lição sobre "diferenças, semelhanças, guerra, paz e esperança", como o autor coloca de forma muito apropriada. Na Holanda, temos a oportunidade de acompanhar os bastidores de uma reportagem que vai além do óbvio e de ainda conhecer a figura de Nanette, amiga da lendária Anne Frank, que calhou de vir morar no Brasil. Durante a passagem do autor pela Índia, ele revela detalhes curiosos sobre a origem do maior fabricante de incenso do mundo e também aborda a complicada situação da comunidade muçulmana no país hindu. Na China, Lins mistura a animação *Kung Fu Panda* com relatos sobre a formação do Estado chinês e uma reflexão filosófica sobre a impermanência dos impérios (e da vida). Tudo isso assim, como quem não quer nada.

Viajar é um grande prazer e sempre uma grande lição de vida. Eu nunca viajei com Marcelo Lins. Temos projetos internacionais que na hora certa se concretizarão, e nossos programas familiares no balneário de Búzios (com paisagens incríveis e relatos históricos de pirataria, que ele bem conhece) foram adiados pela pandemia. Mas, ao virar a última página deste livro, tive a sensação nítida de ter realizado uma viagem pelo mundo na companhia desse meu camarada. A cada destino, uma história. A cada passeio, uma lição. A cada esquina, uma descoberta. Com *Um longe perto* consegui matar um pouco as saudades de algo que nunca vivi.

André Fran
Jornalista, apresentador e escritor

Nova Iguaçu, Vietnã

Já nem sabia ao certo por quantos vilarejos havíamos passado no trajeto entre Hanói, capital do Vietnã, e Hue, a antiga capital imperial da dinastia Nguyen, famosa pelo que restou de prédios históricos — inclusive por uma cidadela que é praticamente uma miniatura da renomada Cidade Proibida, de Beijing. Hue também é conhecida pela culinária rebuscada, herdeira das cozinhas das cortes imperiais que ali viveram, com pratos marcados por combinações de salgado e doce e por apresentações elaboradas, que transformam prosaicos legumes, peixes e frutos do mar em complexas esculturas.

Mas, para boa parte do mundo, Hue ficou conhecida mesmo a partir do final da década de 1960, durante a Guerra de Resistência contra a América, ou Guerra Americana, aquela que no Ocidente chamamos de Guerra do Vietnã — que, diga-se é o capítulo final de uma série de conflitos encadeados.

A cidade de Hue e seus arredores foram palco de algumas das mais sangrentas batalhas entre as forças comunistas do Norte, com suas armas soviéticas, e as do Sul capitalista, apoiadas pelos Estados Unidos.

A localização era estratégica, muito perto do paralelo 17, que, desde o Acordo de Genebra, em 1954, separara o Vietnã em dois, aproveitando uma pausa durante outra guerra, essa entre os nacionalistas e as forças colonialistas da França e seus aliados.

A ideia inicial era que fosse uma separação provisória, a ser respeitada até a realização de eleições livres, em 1956. Mas uma ideia sem pernas é uma ideia que não se realiza, não sai do lugar, não muda nada. Se tudo que é sólido desmancha no ar — como escreveu Marshall Berman no seu best-seller em que criticava a modernidade e que todo estudante de jornalismo da minha geração, e de mais algumas, acabou lendo ou folheando —, imagine uma ideia. E aquela ideia não ganhou perna, corpo, nem se consolidou, por causa das muitas diferenças entre o Norte, e seus aliados da então União das Repúblicas Socialistas Soviéticas (URSS), e o Sul, que concentrava as forças francesas e parceiros locais e ocidentais. Os Estados Unidos se enquadravam no último grupo e defendiam que as eleições tivessem a supervisão das Nações Unidas. Mas os primeiros desconfiaram e não aceitaram, na prática mergulhando o país, de novo, em um conflito armado.

Tentando manter a concentração no balanço da van, eu repassava as muitas informações que levava anotadas num caderninho — sim, sou pré-tablet —, ao mesmo tempo que tentava capturar na retina, e dali para o HD da memória, as imagens daquele país incrível que eu tinha começado a descobrir havia poucos dias.

As informações, acrescidas daquelas retiradas de guias, livros e relatos colhidos previamente, ajudaram no planejamento da viagem e vinham sendo motivo de debates e discussões desde a saída do Rio de Janeiro. Na escala de 24 horas em Paris, continuei debatendo com o repórter, meu amigo Rodrigo. Na ida para o Vietnã, a discussão cresceria, assim como a equipe, com a adição da nossa intérprete, Nguyen — nome que, como eu descobriria, é muito comum no país.

Além dos encaminhamentos de textos e ideias de roteiros, a parte técnica da discussão sobre o conteúdo, tão fundamental quanto qualquer uma das outras, era alimentada pelo repórter cinematográfico, Ruy, e o técnico de áudio, Marcio. Cito o Marcio por último para ficar mais próximo da explicação sobre a cena curiosa a seguir, que justifica o título deste capítulo.

Como já havia acontecido em outros vilarejos vietnamitas, à medida que avançávamos na zona urbana, Marcio olhava pela janela aberta, fixava-se em um ponto, uma casa, uma pessoa e dizia: "Isso aqui lembra muito a área onde mora minha avó, em Nova Iguaçu." Ríamos da comparação, que, pensando bem, fazia algum sentido. O relevo plano, a vegetação tropical, a umidade quente, a humildade reinante na arquitetura, nos poucos automóveis e nas muitas motos e bicicletas. Muita coisa ali tornava possível uma conexão, visual e afetiva, entre aquela região do Vietnã e a Baixada Fluminense, a quase 18 mil quilômetros de distância.

Além disso, havia outros fatores em comum: o povo trabalhador e majoritariamente jovem, e uma história de sofrimento, ainda que este tivesse origens distintas. O sofrimento vietnamita tinha até a ver com a condição social, mas foi, em boa medida e ao longo dos séculos, alimentado pelos sucessivos conflitos, invariavelmente provocados ou agravados por interesses estrangeiros naquele pedaço do mundo.

Interesses inicialmente da China — a desde sempre poderosa vizinha do Norte, com suas ambições hegemônicas — e, mais tarde, a partir do século XIX, da França — em seus delírios coloniais naquele sudeste asiático, que em Paris e em boa parte do mundo chamaram de Indochina, botando ainda no mesmo saco os vizinhos Laos e Camboja. Já em meados do século XX, os interesses foram da Alemanha nazista. Na sequência, do Japão, aliado dos alemães no Eixo, isso até a derrota para os aliados, precipitada pelas bombas atômicas de Hiroshima e Nagasaki. Aí, mais uma vez, a França tentou ditar os rumos. Até que, em 1945, Ho Chi Minh, o líder tido como o pai do Vietnã moderno, que virou objeto de culto nacional, declarou a independência da porção norte do país. Uma declaração, vale ressaltar, baseada no texto da declaração de independência dos Estados Unidos, que a princípio até viram com bons olhos o movimento independentista liderado por Minh e chegaram a mandar conselheiros para ajudá-lo. Mas, em pouco tempo, os mesmos Estados Unidos viriam a ser mais uma potência estrangeira com interesses no país, por conta da disputa pelo domínio mundial com os soviéticos no período pós-Segunda Guerra Mundial, inscrito na história como Guerra Fria. Ainda que, no Vietnã, de fria a guerra não tenha tido nada.

Já Nova Iguaçu, carinhosamente apelidada de "a Princesinha da Baixada (Fluminense)", tem como componentes do sofrimento — assim como tantas cidades brasileiras — a violência extrema, alimentada pelas profundas desigualdades sociais, e a falta de projetos de desenvolvimento, num país em eterna construção.

Mas o que fazia eu, jornalista, integrante de uma equipe da TV brasileira, cruzando o Vietnã naquele 2005 que já vai longe? Simples: registrava material para uma série de programas e reportagens especiais, motivados por uma efeméride que me havia sido lembrada, meses antes daquela viagem, por um grande amigo peruano, o também jornalista Luís. Amizade nascida nos tempos em que trabalhamos juntos na BBC, em Londres, na década de 1990.

Na segunda metade de 2004, num papo sobre trabalho e perspectivas, ele chamou minha atenção para o fato de que em poucos meses o mundo se lembraria, ou se esqueceria de lembrar, dos trinta anos da reunificação do Vietnã, aquela que eu citei no começo dessa história, que deveria ter acontecido com as eleições de 1956, mas só aconteceu de fato em 1975. Fiquei com essa ideia fincada na cabeça, e ela acabou ganhando pernas e virou projeto, com a ajuda de uma veterana jornalista, responsável pelos programas especiais do canal em que trabalhava.

Quando dei por mim, estava para desembarcar no aeroporto internacional de Noi Bai, a 45 quilômetros de Hanói, capital do país, nas primeiras horas de uma manhã clara e cinzenta do começo do ano.

O voo de Paris tinha sido longo e cansativo, e, mesmo assim, todos concordaram que o melhor a fazer para decantarmos o *jet lag* e nos acostumarmos com o fuso horário asiático não era dormir, nem mesmo descansar, mas sim começar aquele primeiro dia descobrindo a cidade e, nela, o café da manhã local. Malas no hotel, uma água jogada na cara, necessidades básicas atendidas e estávamos de volta à van, com motorista e intérprete a postos, cruzando ruas já bastante movimentadas desde cedo. Cheias de pedestres mas, principalmente, pelo menos na minha percepção de forasteiro, de motos de pequena cilindrada e mobiletes, aquelas bicicletas motorizadas que consomem pouco combustível mas poluem muito. Sem exagero, a cada sinal fechado, havia uma média de um carro para quarenta ou cinquenta pererecas barulhentas. A motinho podia levar tanto apenas um piloto quanto uma família de quatro pessoas e ainda as mais variadas cargas. Por causa da poluição, muita gente usava máscaras, o que só tornava o cenário ainda mais surreal. Nem imaginava que, 15 anos depois, o mundo inteiro estaria usando máscaras, mas por causa de uma pandemia.

Diante desse enxame motorizado e barulhento, a travessia a pé dos cruzamentos maiores, aos olhos de um viajante, ganhava ares de aventura irresponsável ou tentativa de suicídio. Mas logo a equipe e eu aprenderíamos que chegar vivo do outro lado era mais simples do que parecia à primeira vista. A dica fundamental era, depois de superar o medo, traçar uma reta imaginária, não mudar o rumo e seguir adiante num passo decidido. Acima de tudo, nunca parar. Todos os outros desviam, me garantiu Nguyen, a intérprete. Era verdade, como descobri na prática. Mesmo assim, por vários dias, tive a sensação de que cada travessia realizada era um pequeno milagre.

Paramos numa das muitas esquinas onde ambulantes preparavam com fogareiros os mais variados omeletes, pratos de arroz grudento e temperado e o famoso *banh mi*, um sanduíche de carne de porco e legumes no pão francês — sim, a primeira herança visível do passado colonial vietnamita. Aliás, *banh mi* seria uma corruptela de *pain de mie*, o pão com miolo de qualquer padaria de Paris. Assim como a palavra vietnamita para "carro", *ô tô*, vem da francesa *auto*, ou a "cerveja", *bia*, tem origem na *bière* dos francófonos. Fora esses sinais, constatamos algumas outras marcas relevantes da passagem francesa pelo Vietnã, como na arquitetura. Muitos prédios de Hanói têm algo de art déco aqui e ali, além de haver uma ponte projetada por Gustave Eiffel.

Em Hanói e por todo o Vietnã descobriríamos que, tão comum quanto esse café da manhã ingerido em pé ou em banquinhos de plástico bem baixos — onde nos equilibrávamos praticamente de cócoras enquanto os vietnamitas pareciam muito à vontade — era começar o dia tomando um *pho*, a revigorante sopa que é símbolo da culinária vietnamita no mundo e junta um saboroso caldo com folhas, legumes diversos, macarrão de arroz e finas fatias de carne assada ou pedaços de frango. Um bom *pho* prepara qualquer pessoa para um dia de trabalho e também é uma boa receita para debelar uma ressaca. Dá para ter uma ideia da qualidade do *pho* pela fila que se forma na porta do estabelecimento a partir das seis da manhã.

Outra descoberta, e foram muitas nessa viagem, é o amor dos vietnamitas pelo café. Uma paixão que não é óbvia. Afinal, quem introduziu o café no Vietnã, ainda no século XIX, foram os colonizadores franceses, mas essa infusão escura íntima nossa obtida da torra dos grãos de uma planta que começou a ser cultivada na Etiópia antes do século XV, se popularizou mesmo entre os vietnamitas a partir do momento em que o país se tornou produtor, por decisão do governo, já na segunda metade do século XX. Hoje, a produção de café do Vietnã é a segunda do mundo, atrás apenas da do Brasil. Se você quiser trocar uma ideia com um vietnamita, convide-o para tomar um *cà phê*. Mas não vá esperando um expresso. Café no Vietnã é sempre coado, não raro em um pequeno filtro individual pousado sobre a xícara. A forma mais popular é uma mistura com leite condensado, batida com expertise nas melhores casas do ramo. Só para quem não tem problemas com bebidas muito doces. Muito mesmo. Parafraseando os ingleses, que dizem "It's not my cup of tea" quando algo não é de seu agrado, eu diria que essa não é minha xícara de café.

Encerrando essa passagem meio enciclopédica, você poderá ter notado que escrevi *cà phê* ali em cima, assim como antes escrevi *ô tô* e *bia*. Não é para dar uma ideia fonética, do som da palavra, é assim que os vietnamitas escrevem, no nosso alfabeto mesmo, com caracteres latinos. Influência de outros estrangeiros que deixaram sua marca no país, os portugueses. Mais precisamente dos jesuítas portugueses, que ainda no século XVII chegaram ao Vietnã com o intuito de catequizar e educar, uma empreitada que espalhou igrejas católicas em todas as regiões do país. Mesmo que os católicos somem menos de 10% da população, a ação da Igreja tem como grande marca o fato de ter conseguido substituir os caracteres chineses pelos latinos. Não quer dizer que dá para entender a língua, mas dá para ler, o que já é um começo.

Já que resvalei no tema "religião", eu também tinha anotado no caderninho que os vietnamitas, em sua grande maioria, não se identificam com nenhuma: mais de 70% da população diz não ter uma religião. Não quer dizer que muitos não sejam espiritualizados ou não tenham ligações com outros planos da vivência, o que pude perceber em um funeral que testemunhamos, de longe, no meio de um arrozal — todos os presentes estavam de branco, a cor local do luto —, ou, ainda, nas histórias de sacrifício dos monges budistas, que durante a Guerra do Vietnã em mais de uma ocasião não hesitaram em jogar gasolina no próprio corpo e imolar-se, em um derradeiro protesto contra a opressão.

Só para acrescentar alguma confusão à informação, vale dizer que foi no Vietnã que conheci uma das religiões mais diferentes de que já tive notícia, que parece obra de ficção, muito mais do que qualquer outra. A religião Cao Dai, ou caodaísmo, identifica-se como "A grande fé pela terceira redenção universal" e "A morada alta", e tem sua Santa Sé no sul do país, em Tay Ninh, onde foi fundada por um humilde morador local, em meados da década de 1920. Seus fiéis, estimados em até 4,5 milhões, são vegetarianos e veneram seus ancestrais em cultos que misturam práticas do taoismo, budismo e confucionismo. Esse sincretismo incorpora elementos de filosofia e respeito a divindades de muitas religiões, o que pode ser visto nos templos, assim como o onipresente símbolo da divindade universal maior, um olho inserido num triângulo, que seria influência do positivismo. O caodaísmo também defende a não violência. O que não impediu que muitos de seus fiéis fossem perseguidos depois da Guerra do Vietnã, acusados de colaborar com as forças do Sul e seus aliados americanos. Hoje o caodaísmo é tolerado pelas autoridades.

Eu me lembro de ter saído confuso e intrigado, com esse caldo de informações na cabeça, da visita ao templo Cao Dai maior, uma construção que misturava traços da arquitetura tradicional chinesa com linhas que lembravam as igrejas coloniais do Brasil. Para completar a confusão mental, minutos antes, enquanto eu tentava acompanhar do segundo andar do templo a cerimônia que se desenrolava lá embaixo, alternando os níveis do piso em grandes degraus, simbolizando as etapas de purificação da vida em suas diversas encarnações, esbarrei sem querer num fotógrafo americano. Ele devia estar batendo a foto da vida dele, tamanha a irritação, traduzida em xingamentos. Mantive o nível.

A poucos quilômetros dali, no mesmo dia, paramos num bar de beira de estrada. Não qualquer bar e nem qualquer estrada. A birosca, com sua coleção de destilados de arroz e muitas garrafas da cachaça local com o duvidoso tempero de uma cobra em seu interior, ficava no caminho que leva ao vilarejo de Trang Bang. Na parede, uma foto que chocou o mundo. Retratava uma menina nua, com olhar de dor e medo, correndo numa estrada, aquela com o corpo todo queimado e grandes porções de pele arrancada. Minutos antes, naquele junho de 1972 da foto, um avião da força aérea americana lançara quatro bombas de napalm, um desfolhante químico que, ao atingir o solo, lançava sua carga viscosa e incandescente, queimando tudo o que havia em volta. E todos. A garotinha, Kim Phúc, tinha nove anos. Ela e sua família foram atingidas ao se refugiarem num templo do vilarejo. Seu sofrimento foi captado em imagens por uma equipe da Associated Press. A foto de Nick Ut, que rodou o mundo e ajudou a reforçar a onda de indignação contra a guerra, estava na parede daquele bar simples, cuja dona era uma prima de Kim Phúc, que, àquela altura, já morava havia muitos anos nos Estados Unidos, país de onde veio o avião militar o qual lançou as bombas de napalm no vilarejo de Trang Bang. Mais de trinta anos depois, a tragédia da guerra parecia, naquele momento, um estranho troféu, exibido a viajantes ainda incapazes de entender como aquilo tinha sido possível.

Sensação parecida senti no dia em que visitamos outro vilarejo, cujo nome aparece em todos os relatos sobre os muitos crimes cometidos ao longo daquela guerra. E olha que, se eu não conhecesse a história, poucos lugares daquele país tão diverso e intenso poderiam passar tamanha sensação de calma e tranquilidade quanto My Lai. Só que eu conhecia a história, assim como outros milhões de pessoas que leram o relato do repórter americano Seymour Hersh ou tiveram a chance — como eu tive, muitos e muitos anos depois do acontecido, num festival de jornalismo em São Paulo — de vê-lo falando sobre aquele episódio como se tivesse acabado de acontecer, de ouvir da voz daquela testemunha como foi difícil convencer um jornal a publicar aquela história, como foi preciso superar as desconfianças sobre o relato e, certamente, os temores da reação do governo dos Estados Unidos, a maior potência mundial. O mesmo Seymour Hersh que foi um feroz crítico do jeito como, segundo ele, um dos presidentes mais queridos da história americana recente, Barack Obama, conseguia manipular a imprensa a seu favor, deixando em segundo plano a atuação do primeiro inquilino negro da Casa Branca na desastrada operação militar na Líbia, as denúncias de uso abusivo de aviões não tripulados para bombardear suspeitos no Afeganistão ou o endurecimento da política contra imigrantes que tentavam entrar sem documentos nos Estados Unidos a partir do território mexicano. Mas algo me diz que nem Obama, com toda a sua verve, todo o seu charme, teria conseguido explicar, muito menos justificar, o que aconteceu em My Lai.

Hersh explicou e denunciou a ação assassina de um batalhão do exército americano contra um grupo de civis desarmados, muitas mulheres, crianças e idosos, no ataque a um vilarejo onde, acreditavam os militares, guerrilheiros vietcongues atuantes na região poderiam estar se escondendo. No dia 16 de março de 1968, homens da Companhia Charlie, parte da 11.ª Brigada de Infantaria Americana, realizaram uma operação de "busca e destruição" contra vários vilarejos do distrito Quang Ngai. O foco principal era a região de Son My e as ordens eram claras: qualquer suspeito deve ser encarado como potencial vietcongue ou colaborador. My Lai era um dos vilarejos daquela área. Os primeiros relatos oficiais davam conta de uma missão bem-sucedida, sem maiores incidentes. Buscas foram feitas, o que era para ser destruído foi destruído. Um ano depois, começaram a surgir denúncias de execuções sumárias. Uma investigação foi aberta e concluiu que, ao final do dia, 504 civis tinham sido mortos a tiros de fuzis, metralhadoras e por explosões de granadas. Entre eles estavam 182 mulheres, 17 delas grávidas, e 173 crianças.

Depois de uma investigação, veio a operação abafa. O soldado Ron Ridenour — integrante da mesma 11.ª Brigada que não esteve envolvido no massacre, mas ouviu relatos e chegou a escrever ao Pentágono e ao presidente Nixon denunciando os crimes cometidos — finalmente deu uma entrevista ao repórter investigativo

Seymour Hersh, que juntou as informações, foi atrás, cavou, ouviu testemunhas e fez a denúncia. Para isso, além da entrevista com Ridenour, Hersh recebeu ajuda de uma fonte militar, que informou que um tenente de 26 anos seria julgado por crimes cometidos na operação. Só William Calley Jr. foi acusado de ser responsável ou de ter tido participação ativa na morte de 109 civis. E só ele foi julgado. Condenado à prisão perpétua em 1971, o militar se beneficiou da intervenção de altas autoridades, inclusive do presidente Nixon. Teve a sentença comutada, acabou cumprindo pouco menos de quatro anos de prisão domiciliar e ganhou a liberdade.

Mais de três décadas depois do final da guerra, My Lai parecia apenas mais um entre tantos vilarejos cercados de arrozais no sul do Vietnã. Não fosse pelas visitas a uma espécie de parque temático, guiadas por filhos ou netos de vítimas numa área que reproduz algumas das cenas do massacre, com animais em fibra de vidro, réplicas das cabanas incendiadas e das valas comuns, talvez o triste episódio não fosse lembrado por um turista acidental. Talvez.

Muitas vezes é o jornalismo que não nos deixa esquecer, para ver se um dia aprendemos. Outras, basta um passeio casual por um simpático bairro de Hanói para trazer a história de volta. Foi mais ou menos o que pensei quando olhava para a pequena lagoa do bucólico bairro de Ba Dinh. Ali, no meio da água esverdeada e turva dava para ver nitidamente o que restou de um bombardeiro americano B-52, derrubado pela defesa antiaérea norte-vietnamita em dezembro de 1973, já no final da guerra, durante um episódio que ficou conhecido como o Bombardeio de Natal. Foram mais de três mil missões naqueles dias finais do conflito, e aquele avião nunca voltou à base.

De todos os simbolismos que remetem à resistência dos vietnamitas aos inimigos estrangeiros, poucos são maiores do que o culto a Ho Chi Minh. Aquele mesmo que comandou a luta contra as forças coloniais francesas, que tentou atrair a simpatia dos

Estados Unidos ao elaborar uma declaração de independência baseada na americana e, depois, comandaria as forças do Norte contra os mesmos americanos. Aquele mesmo Ho Chi Minh estampa hoje notas do dinheiro local, tem seu retrato pendurado em prédios públicos, estações de trem, escolas, e seu corpo, embalsamado, exibido num mausoléu que em tudo lembra o de Lênin em Moscou. Os vietnamitas fazem fila para passar em frente ao caixão de vidro vigiado por guardas armados.

Como não é autorizado o registro de imagens, nossa equipe preferiu focar no movimento do lado de fora, em mais um final de tarde cinza, como são muitos na região norte do país, contraste abissal com o sul, ensolarado e colorido. Gente de todo tipo, casais, estudantes, trabalhadores, faz fila para homenagear o herói nacional. Veteranos, como o grupo que fechava a fila naquele dia, com uniformes desgastados, tentavam manter um ar solene — mesmo um senhor que passou mancando.

Reza a lenda que, antes de se tornar um líder político e militar, Ho Chi Minh trabalhou na marinha mercante e conheceu o Brasil. Ouvi essa história pela primeira vez quando fazia pesquisas para uma das edições do saudoso guia *Rio Botequim*, cujo nome dispensa maiores explicações. Anos depois voltei a ter contato com a história a partir do relato do jornalista Ariel Seleme, que se baseia em pesquisas feitas na Universidade de Hanói. Os documentos a que ele teve acesso parecem não deixar dúvidas: ainda com o nome de batismo Nguyen Sinh Cung, Minh teria desembarcado no Rio de Janeiro em julho ou agosto de 1912, vindo de Marselha, na França. Tinha vinte anos e estava doente. Em terra, teria morado em Santa Teresa, trabalhado como ajudante de cozinha e garçom na Lapa, e tido contato com lideranças sindicais, inclusive com um ativista que morreu baleado pela polícia. Três meses depois da chegada, teria embarcado num cargueiro rumo aos Estados Unidos, de lá para a França e então para a União Soviética, onde completaria sua formação política comunista e de onde voltaria para o Vietnã para lutar contra os invasores estrangeiros.

Vo Nguyen Giap foi contemporâneo de Ho Chi Minh e é tido como o grande estrategista militar da história contemporânea do Vietnã. Tivemos a chance de conhecê-lo. Sabíamos que ele estava velhinho, vivendo numa base militar, recluso. Encaminhamos um pedido de entrevista assim mesmo. E foi aceito. No dia marcado, outra manhã cinza, lá estávamos a postos. Luz pronta numa biblioteca cheia de símbolos militares. Nas estantes, o que eu supunha serem livros de estratégia. Eu me aproximei e, no meio das edições de capa dura de couro, lá estava um velho conhecido, o primeiro volume da saga do jovem bruxo Harry Potter. Dali em diante confesso que tive dificuldade em manter a concentração. Só pensava na interseção entre Giap e o personagem criado por J.K. Rowling. Esse misto de surpresa e vontade de rir não passou nem quando o general finalmente chegou, precedido e ladeado por assessores. Deve ter respondido a umas três perguntas do Rodrigo, sendo que a única fala que realmente fez sentido foi uma mensagem de apreço pelo povo brasileiro. Em questão de minutos, depois de horas de espera, foi embora. Quanto a Harry Potter, permaneceu na estante.

Hue, a antiga capital imperial que citei no começo deste capítulo, foi também palco do episódio mais intrigante da viagem. Além do patrimônio histórico, a cidade tem uma espécie de museu da guerra ao ar livre. Consiste em algumas fileiras de tanques e canhões da artilharia antiaérea, das forças do Norte e do Sul. Numa tarde chuvosa, lá estávamos para fazer o registro. Só nossa equipe e um senhor. Quando nos aproximamos, notei o uniforme e pensei: "Um veterano." Pedimos, e a intérprete foi falar com ele. Não deu outra, tinha lutado nas tropas comunistas e estava revendo os tanques. Na conversa, perguntamos se tinha sido difícil a reunificação, não só do país, mas também do povo. Muito sorridente, ele disse que aquilo era página virada e que, inclusive, o condutor do riquixá que o trouxera até ali tinha lutado nas forças do Sul capitalista. Mal podíamos acreditar no achado. Registramos o papo dos dois antigos inimigos, vimos fotos do combatente do Sul ao lado de um militar americano. Que história sensacional! Quase dois meses depois, já na ilha de edição, revendo as imagens, algo me chamou a atenção. Peguei a fita de Hue. Comparei com a gravação feita dias antes em Hanói, a quase seiscentos quilômetros de distância. Vi, revi. Não tive dúvida, o veterano do encontro espetacular era o mesmo que aparecia na fila do mausoléu de Ho Chi Minh. Ou foi a maior coincidência do mundo ou o governo vietnamita criou essa cena para nós. Jamais saberemos.

Antes de chegar a Ho Chi Minh, antiga Saigon, de onde começamos a viagem de volta, mais algumas paradas enriqueceram essa epopeia jornalística, pessoal e afetiva no Vietnã. A primeira, um merecido descanso num resort. Ok, apenas uma noite, mas foi bom para ver como a indústria do turismo estava se desenvolvendo bem num país que deu a volta por cima depois da destruição da guerra e registra, ano após ano, índices de crescimento consistentes até mesmo para a Ásia.

O complexo hoteleiro era de extremo bom gosto, muito arborizado e, notei logo na chegada, muito florido. Flores tropicais enchiam e aromatizavam a recepção. Flores no caminho até o bangalô onde ficava o quarto. Flores em cima da cama, notei no caminho para o banheiro, apressado pela longa estrada. Quando abri o tampo da privada, não pude deixar de sorrir. Uma flor enfeitava a água do vaso.

Noite bem dormida, café da manhã cheio de frutas, uma alegria no país, e toca de gravar numa praia do mar da China, e toca de visitar a casa de uma família vietnamita, que cultivava a imagem de Ho Chi Minh como tantas famílias no Brasil cultuam santos e orixás. E toca de entender que, apesar de uma grande maioria dos vietnamitas não se declarar religiosa, a espiritualidade é muito presente no cotidiano, em que tantas fés se misturam. Estão espalhados pelo país os singelos túmulos nos arrozais, os templos budistas e caodaístas, os pagodes confucionistas, as igrejas católicas, os gigantescos cemitérios onde repousam restos mortais das vítimas da Guerra do Vietnã e muito mais. Nesse "muito mais", vale registrar o culto a divindades locais, como a tartaruga dourada do lago Hoan Kiem, de Hanói. Reza a lenda que ela apareceu para um imperador da dinastia Lê, no século XV, a quem deu sorte na luta contra os invasores chineses. Feito o trabalho, reapareceu no tal lago para retomar a espada que ajudara a derrotar os inimigos e desaparecer com ela no fundo das águas turvas.

Para além da fé no imaterial, entendi que, fosse nos povoados da etnia Hmong, lá do norte, perto da fronteira com a China, fosse entre pescadores do delta do rio Mekong, no sul, os vietnamitas esbanjam também muita fé no homem, na perseverança e no trabalho. Só assim para entender como um país que já caiu tanto sempre encontrou forças para se levantar, sacudir a poeira e dar a volta por cima. O pensamento recorrente na viagem voltou na visita ao complexo de túneis de Cu Chi, não longe da Cidade de Ho Chi Minh. Ali, preservada como atração turística e homenagem à engenhosidade vietnamita, está uma pequena parcela da rede de abastecimento que foi uma das principais armas das forças vietcongues contra os exércitos do Sul e seus aliados americanos. No meio da trilha, debaixo de uma camada de folhas secas, o guia mostra a entrada de um dos túneis. Mal dava para aquele jovem magro entrar pelo buraco. Por isso mesmo, outras entradas foram escavadas na terra. Lá embaixo, quilômetros de galerias estreitas preservadas ajudam a entender as táticas da guerrilha comunista. Aqui e ali os túneis se abrem em salões com o teto um pouco mais alto. Uma enfermaria, uma sala de comando, dormitórios, paióis onde explosivos e armas eram estocados, locais para guardar mantimentos. Um mundo cheio de criaturas inertes. Sim, em cada ambiente, bonecos em tamanho natural e vestidos a caráter davam um ar de verossimilhança lúgubre ao conjunto da obra. Ao final do passeio subterrâneo, um quiosque onde suvenires eram vendidos. Imagens de Ho Chi Minh, réplicas de medalhas, de capacetes, cantis *made in China*, camisetas. E, num espaço aberto que lembrava uma pedreira, a oportunidade de disparar uma arma como se fosse um guerrilheiro. Dez dólares cada bala de fuzil ou metralhadora. A mítica AK-47 era uma das opções. Para efeito de registro visual, meu colega Rodrigo foi filmado atirando. Declinei.

Próxima parada, um mercado flutuante no rio Mekong, artéria principal do Vietnã e do sul da Ásia, gigantesco rio por onde escoa boa parte da produção agrícola e industrial da região. Como o objetivo era pegar a movimentação ao nascer do sol, optamos por dormir num vilarejo, mais um daqueles que faziam nosso técnico viajar até Nova Iguaçu, Baixada Fluminense. Na beira da estrada, já noite escura, um hotelzinho que, logo descobrimos pelo movimento de motocas trazendo casais, era, na verdade, um motelzinho. Sim, com a mesma serventia desses que se espalham pelo Brasil. No quarto simples, a decoração nas paredes tinha como tema o Mickey, vai entender... Por via das dúvidas, estiquei um casaco sobre o lençol da cama. A fome bateu, e, como disse, já era noite naquele vilarejo do sul do Vietnã. Ao lado do hotel, uma humilde birosca, misto de bar e venda de utensílios para a casa, artigos de limpeza e mantimentos. Nossa intérprete conversou com a dona do comércio, uma senhorinha com feições marcadas pela profusão de rugas e pela falta de dentes. Ela só tinha condições de nos servir um prato e cerveja, ou refrigerante. Ou seja, optei pela cerveja. E o prato? Camarões enormes, criados na água dos arrozais da região, fritos no alho e no capim-limão, acompanhados de arroz e folhas da horta. Pense numa refeição dos deuses.

Lá estávamos, cedinho pela manhã, num barco vendo a movimentação intensa, característica dos locais de trocas comerciais.

Tudo feito sobre as águas. Ali, havia um barco carregado de carvão, outro que vendia sanduíche de porco com legumes às tripulações e compradores, mais adiante uma carga de beterraba quase esbarrando na nossa embarcação e uma banca de frutas flutuante com jambo, muito jambo. Roxo e branco. No espaço de um segundo, de um cheiro, uma mordida, viajei até o quintal do meu avô Pimentel, na Encruzilhada, Recife, Pernambuco. Os jambeiros da minha infância viviam abarrotados. Assim como as mangueiras, daquele quintal que era um mundo. Lá nos fundos ainda tinha uma granja com as esperadas galinhas e seus ovos caipiras. Seguia nesse devaneio, mas logo o barulho do motor me trouxe de volta à realidade, a milhares de quilômetros da chamada Cidade Maurícia (por conta de Maurício de Nassau). Uma realidade que nos levaria para aquela que já foi a capital do Vietnã do Sul, quando tinha o nome de Saigon, mas com a vitória do Norte foi rebatizada de Cidade de Ho Chi Minh. A mudança de nome não afetou o ar cosmopolita, que a faz bem diferente da mais cinzenta e chinesa, por assim dizer, Hanói.

Na época dessa viagem, num mundo pré-pandemia, claro, Ho Chi Minh poderia ser descrita como uma cidade solar, animada, movimentada, notívaga, ainda que com todas as limitações impostas pelas autoridades locais, notadamente em relação aos horários de funcionamento de bares e boates. Nada que impedisse o comércio de rua de mostrar sua vitalidade.

Depois de mais uma jornada de trabalho intenso, com direito a visita à TV estatal em busca de imagens de arquivo e à tentativa de registro de uma festa patrocinada por uma cerveja holandesa (tentativa porque o promoter não pareceu gostar muito de câmeras, apesar de nossas explicações...), um tempo para um respiro. E, com ele, a chance de experimentar mais um pouco da comida de rua. Panqueca de arroz, fria ou frita, semente de flor de lótus caramelizada, omeletes, rolinhos variados e, um dos meus preferidos para acompanhar uma *bia* gelada: lula desidratada, como se fosse uma carne-seca marítima. Um achado. Eu me lembro de ter pensado "como é que no Brasil não fazemos isso?", que foi o que pensei também ao degustar uma deliciosa salada fria feita com a flor da bananeira, que nós costumamos descartar.

Os dias iam passando e, com eles, a sensação de que o país, e seu povo, deixariam saudades. Um lugar onde a diversidade vital da história pode ser vista por todo lado. Do antigo bairro chinês de Hanói às estradas de ferro construídas pelos franceses, do alfabeto ocidentalizado, herança portuguesa, ao estilo soviético de alguns prédios oficiais do norte. Da onipresença da figura de Ho Chi Minh à riqueza de uma cultura milenar, muito anterior à do chamado Vietnã moderno. E um povo que, apesar dos muitos pesares, parece decidido a não abaixar a cabeça para ninguém. Que reagiu aos chineses, aos franceses, aos americanos. Em muitos períodos da história, mão de obra barata que se espalhou pelo mundo. Em outros, motor da reconstrução, como a que marca o país desde meados da década de 1970 e, mais acentuadamente, a partir dos anos 1990. Um povo que se vê vitorioso e é, mesmo quando se sabe que a Guerra do Vietnã matou cerca de 282 mil militares americanos e seus aliados locais, 444 mil militares vietnamitas e vietcongues e mais de 620 mil civis. Um país que se reinventa a partir de suas peculiaridades, mas também das características que compartilha com o mundo.

Essa ideia do específico e do comum passava o tempo todo pela minha cabeça, inclusive naquela derradeira manhã ensolarada no restaurante do hotel. Enchia meu prato com salgados e frios e, chegada a hora das frutas, quase não acreditei no que vi na bandeja. Um belo e maduro sapoti, a minha fruta predileta, a preferida entre todas as frutas. Que, na minha cabeça, tem algo a ver com o caqui pela carne que deixa ver suas fibras, só que mais consistente e mais doce, e com o kiwi, pelo marrom esverdeado da casca. Ainda incrédulo, fui falar com a jovem atendente. Contei da importância dessa fruta na minha infância, lá do outro lado do mundo, e perguntei qual era o nome no Vietnã. Solícita, ela fez questão de pronunciar cada sílaba com o máximo de clareza possível: sa-po-ti. Quando eu vi, já estava gargalhando. Recomposto, contei a história aos companheiros da equipe e não pude deixar de concordar com o meu amigo Marcio. Muitas vezes, o Vietnã deve lembrar mesmo a área de Nova Iguaçu, onde mora a avó dele.

Sagrada Cidade da Paz

Esta história tem como cenário uma viela escura da velha Jerusalém, não longe da Porta de Damasco, um dos 12 históricos portais que dão acesso às áreas mais importantes, sagradas e delicadas de uma cidade tão fundamental para a humanidade. Como costumamos ler nos livros didáticos e em artigos, uma cidade de importância primordial para as três grandes religiões monoteístas do mundo: o cristianismo, o islamismo e o judaísmo.

Mas, para o bem dos fatos, o início da história precisa ser identificado: Chalk Farm, aprazível bairro do norte de Londres, mais calmo do que o vizinho boêmio e rueiro Camden. Bucólico até. Aqui uma observação. Curioso raiz que sou, tendo a ir atrás da origem de nomes que me intrigam, de pessoas e de lugares — e espero que você compartilhe dessa inquietação cultural, linguística. Pois Chalk Farm não significa "fazenda de giz", por mais poético que o nome pudesse soar. A outra tradução de *chalk* é "cal" — aliás, a prima do giz em sua parte calcária. Livros sobre a história de Londres dão conta de que, no século XVIII, naquele local que cresceu e virou bairro, havia uma casa de fazenda cuja fachada era pintada de cal. Fazenda Caiada, então.

Num novembro de meados da década de 1990, de temperatura agradável, mais para fria quando o sol se punha, caminhava pelas ruas de Chalk Farm com a boa amiga e também jornalista Laís pensando no que fazer com o dinheiro recebido por um trabalho extra. Acabava de receber a última parte desse pagamento, mais generoso do que eu pensava que seria, numa produtora que ficava num coworking *avant la lettre*. Era um espaço comum compartilhado por algumas empresas de comunicação, num condomínio que ocupava uma construção do início do século XX e atendia pelo singelo nome de Utopia Village. Ali, por algumas horas em alguns dias — se bem me lembro três, mas podem ter sido quatro —, gravamos num pequeno estúdio, Laís e eu, um off, que é o jargão para um texto a ser coberto posteriormente por imagens. No nosso caso ali, era menos um texto e mais uma série de interjeições, números, expressões, explicações e exclamações. Pequenos diálogos entre personagens distintos, frases curtas a serem usadas na versão para o mercado brasileiro de um game pedagógico em DVD (ou seria CD-ROM) chamado *Hamsterland*.

No pequeno mas bem equipado estúdio, tentávamos manter o mínimo de seriedade e o máximo de profissionalismo para dizer, com propriedade e a ênfase correta, coisas como "Olá, boa tarde, senhora Hamster", "Vamos para o aeroporto, hamster executivo!" ou "O hamster encanador vai consertar o vazamento". Ou seja, o maior desafio era segurar o riso frouxo, e não interpretar o off. Mas a causa era boa, garantia as 150 libras pagas a cada hora trabalhada. Complemento mais do que bem-vindo ao salário enxuto que eu recebia da BBC, na redação brasileira do antigo World Service, que depois passou a se chamar BBC Brasil. Por ali passara o escritor Antonio Callado, e foi onde tive o prazer e a honra de ser colega do Ivan Lessa.

Autoexilado em Londres já havia muitos anos, Ivan tinha sido da turma d'O *Pasquim*, publicação satírica criada em 1969, nos anos de chumbo da ditadura, por Jaguar, Tarso de Castro e Sérgio Cabral (o pai, o pai...), e que contou com a colaboração de outros nomes importantes do jornalismo e do cartum brasileiros, como Paulo Francis, Millôr Fernandes, Luiz Carlos Maciel, Ruy Castro, Fausto

Wolff, Ziraldo, Miguel Paiva, Fortuna e Claudius. Naquele final de século, Ivan passeava seus olhos azuis, a voz de barítono, o cheiro de cigarro, o conhecimento cultural enciclopédico e a proverbial ranzinzice pelos corredores de Bush House, o histórico prédio do World Service. O mesmo prédio de entrada imponente e com um sem-número de estúdios, mesmo que naqueles anos alguns já estivessem em desuso, mas que por décadas tinham sido usados para transmitir noticiários, programas e radionovelas, e de onde, em 1940, Charles de Gaulle lançou seu apelo aos compatriotas do outro lado do canal da Mancha para resistirem à ocupação nazista.

Ivan gravava semanalmente um programa, uma pérola radiofônica que era distribuída para algumas rádios brasileiras e transmitida nas velhas ondas curtas pré-internet intitulada *Livros & autores*. Acho que o nome dispensa explicações.

Com todo o respeito angariado mundialmente pela seriedade de seu jornalismo, com toda a imponência de Bush House, a verdade verdadeira era que, a um jovem jornalista brasileiro, a BBC pagava apenas o suficiente para uma decente subsistência na sempre cara capital do Reino Unido. A cerveja subsidiada no pub situado no subsolo naquela sede — uma das várias da British Broadcasting Corporation — ajudava a ir levando. O tailandês barato perto de casa também. E mais ainda a Clapham Junction Station, na região sul de Londres, onde eu dividia um apartamento com uma outra amiga, Claudia. Mas as libras do frila feito em Chalk Farm vinham a calhar.

Janeiro já seguia seu curso, cinza e frio, e eu ainda estava em dúvida sobre que fazer com o que ainda não havia gastado do pagamento da produtora. Tinha dez dias a tirar, resto de férias não gozadas. Dois pra lá, dois pra cá, juntando os fins de semanas e já eram 14 os dias de férias.

Lembro que era sexta e eu dava uma folheada na revista *Time Out* só para ver os programas, shows, exposições, espetáculos e peças que perderia no fim de semana. Londres, bem antes de eu ir morar lá, desde sempre talvez, era daquelas cidades em que, se você quisesse fazer qualquer coisa, teria onde e como. Daí que ler a *Time Out*, naquela época em que ainda se comprava revista, impressa, na banca, era quase uma tortura pelo volume de possibilidades, que não caberiam nem na agenda e muito menos no bolso. Ao mesmo tempo, às vezes rendia uma boa ideia. Foi exatamente o que aconteceu.

Uma reportagem da edição que eu tinha em mãos falava de cursos de mergulho no mar Vermelho, que tem águas cristalinas e agradáveis, seja na sua porção israelense, minúscula, onde fica o balneário de Eilat, seja na parte jordaniana, na margem oriental ou na egípcia, do outro lado. Na costa saudita, o turismo ainda era totalmente proibido, fora de questão. Eritreia e Iêmen, os outros dois países banhados pelas mesmas águas, seriam destinos mais de aventura do que de descanso, turismo, ou, no caso, aprendizado de técnicas do bê-a-bá subaquático. A matéria informava que o Red Sea Diving College, a escola de mergulho do mar Vermelho, tinha uma de suas sedes no balneário egípcio de Sharm el-Sheikh, na pontinha sul do deserto do Sinai, perto do Parque Nacional Ras Mohammed, com suas águas cristalinas, falésias, destroços e mais. Chequei o preço de um curso de uma semana, hospedado na tal escola de mergulho, que oferecia desde aulas para principiantes, como eu, até cursos em grandes profundidades e em destroços e mergulhos noturnos, além da preparação de instrutores. O pacote incluía sete dias de hospedagem em dormitório coletivo, com pensão completa, aulas de manhã e à tarde, divididas entre teoria e prática. Chequei de novo o preço. Tudo tranquilo. Não só era possível, como ainda me sobrariam alguns dias para completar minhas férias.

Fui montando um roteiro, primeiro na cabeça, mas logo no computador. De Londres para Sharm el-Sheikh, em voo direto saindo de Gatwick, o segundo aeroporto mais movimentado da capital britânica — atrás apenas de Heathrow. De Sharm el-Sheikh, depois do curso, eu pegaria um ônibus até Eilat, o destino turístico da pequena porção de Israel às margens do mar Vermelho. Dois dias por ali e emendaria com mais um ônibus rumo ao norte até Ein Gedi, às margens do mar Morto e pertinho das ruínas de Massada, de rica e trágica história.

Para quem não está ligando o nome ao local, foi ali, na fortaleza erguida no platô do único morro escarpado dessa região desértica, que, no ano 72 d.C., tropas romanas cercaram aproximadamente mil sicários, um grupo de zelotas, judeus que ficaram conhecidos pela determinação e pelas ações para expulsar as forças imperiais romanas e seus simpatizantes da Judeia.

Na época da viagem, li sobre o tema durante a pesquisa para a visita à fortaleza de Massada e nunca esqueci que a palavra "sicário" vem de "sica", um tipo de adaga com a qual atacavam seus inimigos. Para quem, como eu, achou algo familiar, sim, esse termo ainda é bastante comum hoje na América *hispanohablante* e designa assassinos de aluguel, comumente a soldo de cartéis de drogas. Já que entrei no tema nesse já longo desvio, a palavra "assassino" tem origem se não parecida, pelo menos tão curiosa quanto. Vem do nome de um grupo religioso, só que islâmico, os Asasiyun, ou adoradores dos asas, que são os fundamentos da fé islâmica. Essa seita, que tinha sua base numa fortaleza no que viria a se tornar o Irã, ganhou fama e espalhou medo a partir do século X, eliminando aqueles que considerava contrários à sua fé, uma variante do xiismo, corrente que disputa com o sunismo a primazia no islã. Alguns livros dão conta que a origem seria outra, da palavra haxixe, já que, segundo relatos do explorador Marco Polo, seus integrantes fumavam esse derivado do óleo de *Cannabis* antes de seus ataques. Mas fico com a versão que dei ali atrás, corroborada pelo escritor libanês Amin Maalouf que, como outros pesquisadores, atribui a confusão à sonoridade da palavra.

Bom, já vimos que, se for para mergulhar mesmo na etimologia, essa história não acaba. Mas a ideia aqui é falar de outro mergulho.

Retomando e seguindo o roteiro. De Ein Gedi eu pegaria mais um ônibus, dessa vez para Jerusalém, e, dali, do mesmo aeroporto internacional que serve à cidade e à capital, Tel Aviv, embarcaria num avião de volta para Londres. E assim foi feito.

O voo charter deixou uma Londres chuvosa e cinza para tocar o solo egípcio num final de tarde com clima ameno e muito seco. Um tempinho de espera pelos outros quatro — descobri ali — companheiros de curso, e todos juntamos as malas e nos encaminhamos para uma van. Logo antes de pegar a estrada, rumo à baía de Naama, com o sol desaparecendo no avermelhado horizonte, lembro que finalmente me dei conta de onde estava ao ouvir, vindo de um minarete, a torre mais alta de uma mesquita, o *azan*, o chamado para as orações feito cinco vezes por dia. O responsável por dar voz a esse chamado é conhecido como muezim, um cargo, uma função, que teria surgido com Bilal bin Rabah, um escravo abissínio libertado por Maomé que avisava aos fiéis que era hora das orações do alto do telhado da casa do profeta na cidade sagrada de Medina. Anos depois, numa viagem à Filadélfia a trabalho, eu ouviria a detalhada e divertida explicação dada por um colega jornalista, estudioso da questão islâmica, sobre como foi determinado esse número de cinco orações. A fórmula, aprendi, surgiu após negociações entre Maomé e Alá, Ele mesmo. Desde pequeno, todo muçulmano praticante sabe que, cinco vezes ao dia, deve se prostrar e rezar, sempre voltado para a mais reverenciada das cidades do Islã, Meca.

Segundo meu colega, de acordo com as escrituras, a primeira determinação de Alá recebida pelo profeta era de que os fiéis rezassem cinquenta vezes por dia. Mas antes que Maomé voltasse à terra, já que as tratativas se deram no céu, uma intervenção direta do patriarca judeu Moisés foi fundamental para baixar esse número. Voltando da conversa inicial, Maomé se encontrou com Moisés e contou sobre a divina ordem. O profeta, a quem é atribuída a autoria da Torá, o livro sagrado do judaísmo, que comporta os cinco primeiros livros da Bíblia cristã e que tem importância relevante também no islamismo, achou o número alto demais, impraticável, e aconselhou Maomé a negociar, para baixo. Dito e feito. Maomé voltou dizendo que seriam então dez as orações diárias. Quando contou a Moisés, este ainda achou muito e o aconselhou a tentar aliviar um pouco mais o peso da obrigação. Finalmente Maomé voltou dos céus com a definição do número cinco para as orações, que constituem um dos pilares do islamismo.

Pouco depois do motorista da van fazer a sua oração do pôr do sol, deixamos o pequeno aeroporto rumo à escola de mergulho do mar Vermelho. Pelos próximos dias, Jerusalém — que, como disse lá no começo, é o palco do desenlace da história — foi apenas um objetivo a ser alcançado na reta final da viagem. Antes disso, aulas teóricas às 7h30, dali para os primeiros contatos com o equipamento e o primeiro mergulho na praia em frente. Almoço, mais aula e mais mergulho. Começando no raso, mas logo passando para profundidades que, com o decorrer dos dias, foram aumentando gradativamente: cinco, dez, 15, até chegar aos 18 metros estabelecidos para se obter o certificado inicial de mergulho em mar aberto da PADI — sigla em inglês para Associação Profissional de Instrutores de Mergulho, organização criada em Illinois em meados da década de 1960, com instituições acreditadas no mundo todo, inclusive em Sharm el-Sheikh.

O calor intenso e a aridez do clima contrastavam com a temperatura refrescante e o colorido intenso dos peixes e das formações de corais, junto com os cenários impressionantes que descobriríamos no parque marítimo de Ras Mohammed.

As noites foram marcadas por idas a bares em alguns dos hotéis de grandes redes ocidentais do balneário, onde serviam cerveja. Os alunos mais descuidados pagavam rodadas a mais, já que tinha ficado estabelecido, desde o primeiro dia, que quem não deitasse a sua garrafa de oxigênio ou não reconhecesse sua roupa de borracha teria como penalidade saciar a sede dos colegas. Também houve tempo para jantares egípcios regados a chá, seguidos de partidas de gamão e algum tabaco aromatizado em um dos muitos cafés da cidade turística. Depois de alguns dias, esses cafés ficavam cheios até bem tarde na madrugada, por um motivo: havia começado o ramadã, nono mês do calendário muçulmano, período em que as atividades são drasticamente reduzidas do nascer ao pôr do sol e o jejum é obrigatório. Por conta do respeito a mais essa tradição religiosa, o banco abria às 22 horas, à meia-noite a sorveteria estava cheia de famílias e os cafés eram palco de animadas conversas, sempre com o ritualizado uso do narguilé, aquela espécie de cachimbo que, graças a um mecanismo engenhoso que passa a fumaça pela água, intensifica o sabor da erva. A fumaça produzida, então, parece mais suave, fazendo com que o usuário ingira ainda mais do que se estivesse fumando um cigarro. No Egito, o aroma mais comum é o de abricó.

Nessa rotina de novidades, com direito a chá com beduínos no deserto ali do lado, foi passando o tempo no balneário e, com ele, as aulas. Foram dias de camaradagem entre alunos, vindos de vários países, e professores, também de nacionalidades variadas.

No dia do último mergulho, acordei gripado e simplesmente não consegui atingir os 18 metros exigidos para o diploma, a cabeça parecia que ia estourar à medida que eu descia. Depois de várias tentativas, resignei-me a sair com essa frustração e essa lacuna. Os instrutores me garantiram que bastava eu cumprir essa última etapa para concluir oficialmente o curso. Saí certo de que faria isso numa próxima oportunidade. Certezas são coisas frágeis. E chegara a hora de seguir adiante, rumo ao norte, numa viagem de ônibus de quase seis horas, sempre margeando o mar Vermelho. Para o leste ficava a costa da Jordânia, e o destino era a passagem de fronteira de Taba, no Egito. De lá, mais alguns quilômetros numa estrada melhor e chegaria a Eilat, em Israel.

Nem eram dias de maiores tensões na região — além das habituais —, mas, pelo histórico, os cuidados com a segurança ao chegar em terras israelenses são sempre redobrados. Para além da esperada revista na mochila, com direito a raio-x numa máquina bem maior do que as que eu tinha me acostumado a ver em aeroportos, com um mecanismo que cuspia a bagagem com uma violência surpreendente, havia ainda os questionamentos feitos por militares. No meu caso, um oficial fazia perguntas sobre os motivos da viagem, com quem eu pretendia encontrar, para onde iria a partir dali, onde ficaria hospedado, enquanto uma jovem uniformizada ficava dando voltas em torno da cadeira onde eu estava. Imagino que para analisar reações, captar algum sinal de nervosismo de um viajante com culpa no cartório, como se diz. Não era nem de longe o meu caso. O único momento mais incisivo da conversa foi quando o oficial disse algo como: "Vejo aqui que o nome da sua mãe é Fátima, um nome árabe. Você tem parentes árabes?" Lembrei a ele que Maria de Fátima era uma homenagem à santa que, segundo os católicos, apareceu para os pastores na cidade portuguesa de Fátima. E ele "Claro, claro...". Mas isso ajudou a quebrar o gelo e deu para descobrir que os dois militares adoravam o Brasil, e que a moça era uma capoeirista treinada em Salvador. Mundo pequeno.

Fui adiante, com o plano de chegar a um hostel, um dos muitos albergues frequentados por mochileiros em Eilat, cidade turística por excelência. Ao sair do ônibus, ainda na rodoviária, notei várias senhoras abordando viajantes, cada uma com um álbum de fotos em mãos. A curiosidade acabou quando uma delas chegou para mim, primeiro em hebraico, mas, ante minha óbvia ignorância, num inglês bastante razoável, oferecendo hospedagem na casa dela. Achei notável, inclusive pensando nas naturais desconfianças que marcam o cotidiano da sociedade israelense. Conferi o preço, vi que tinha café da manhã incluído e aceitei. Por dois dias dormi num quartinho bem decente na casa dessa senhora que, descobri nas poucas conversas que tivemos, chegara a Israel vinda da antiga União Soviética, em uma das muitas levas de judeus que emigraram a partir da derrocada do bloco comunista, no começo da década de 1990. Dignos de nota nessa breve estadia em Eilat foram a praia lotada e os bares com bons petiscos que acompanhavam geladas garrafas de cerveja Maccabee ou Goldstar, que dominavam amplamente o mercado. Num desses bares, troquei uma nota de dois reais que levava na carteira por uma de dez rands sul-africanos, que trazia de um lado a efígie do grande Nelson Mandela — figura que eu teria a honra de ver meses depois numa visita dele a Londres, quando ele foi ovacionado por uma multidão no bairro negro de Brixton, no sul da cidade — e, do outro, a figura de um belíssimo rinoceronte, o que realmente me atraiu na cédula.

Havia muito eu era apaixonado pelo animal de aparência pré-histórica e, sempre que possível, quando me deparava com a representação de um, tentava dar um jeito de adquirir. Foi assim com a nota em Eilat, com um modelo feito de lata anos depois perto da cidade do Cabo ou com um pequeno rinoceronte feito de arame e pedras coloridas que comprei de um camelô no Porto, em Portugal. Réplicas de fibra, de metal, de madeira, de todo tipo de material, acabaram por constituir uma coleção de cerca de cem rinos.

Rinoceronte na carteira, Jerusalém na mente como meta, mas antes uma parada no mar Morto, questão de comprovar se correspondiam mesmo à realidade as imagens que via desde a infância de gente sentada em suas águas mais do que salgadas, lendo livros ou jornal. Aqui, o lembrete enciclopédico: o mar Morto nem mar é, e sim um lago, compartilhado por Israel e Jordânia e alimentado pelas águas do rio Jordão. Fica numa depressão, a mais de quatrocentos metros abaixo do nível do mar e, devido à alta salinidade, abriga pouquíssima, quase nenhuma, vida — daí o nome. Enquanto a água dos oceanos tem em média três gramas de sal a cada cem mililitros, no mar Morto essa relação passa a até 35 gramas de sal a cada cem mililitros. Pense numa água salgada. O mar Morto é, há séculos, um importante destino turístico e tido como um dos primeiros spas do mundo, pelas propriedades de sua lama. Historiadores registram que Herodes, rei da Judeia subordinado ao Império Romano, frequentava aquela região algumas décadas antes do início da era cristã.

Essas eram informações que eu relia naquele final de tarde, me preparando para pegar mais um ônibus, agora para Ein Gedi. Seriam duas horas e meia de viagem, e pedi ao motorista que me avisasse quando chegássemos na altura do albergue, que ficava aos pés de uma região montanhosa, conhecida pelas grutas e algumas fontes de água doce. Ein Gedi era um oásis naquela região desértica em que, fora as águas salgadíssimas e venenosas do mar Morto, o chamado precioso líquido era uma raridade. Pensava na dureza da região onde, de acordo com a Bíblia, Davi se abrigou fugindo de Saul, quando o ônibus parou no meio da estrada escura. O motorista me chamou, peguei minha mochila e saltei. Na beira da estrada, sozinho, avistei uma placa com o símbolo de uma casinha, internacionalmente conhecido para designar hotéis, e uma seta para uma estrada poeirenta à esquerda, do outro lado da pista. Ou seja, em direção ao oeste e às montanhas secas. Algumas dezenas de metros a leste, não dava para ver direito pela escuridão, mas eu sabia, estava o mar Morto, que margeávamos há algum tempo já.

Lá fui pegar a estradinha a pé. Depois de quase meia hora subindo o caminho sinuoso e poeirento, eu só pensava em tomar um banho, comer e dormir. Ao longe, um portão alto, uma guarita iluminada, cerca de arame farpado. Mais perto deu para ler, em uma nova placa, "Ein Gedi Kibbutz". Na hora pensei: "Não tinha lido em canto nenhum que o albergue ficava dentro de um kibutz, bacana..."

"Kibutz", palavra hebraica que pode ser traduzida como "agrupamento" ou "reunião", designa uma experiência socialista dos primórdios do chamado Estado judeu, estabelecido em 1948. Um assentamento, originalmente agrícola, regido por práticas coletivistas, que teve múltiplos exemplos ao longo da história contemporânea de Israel. Com o tempo, os kibutzim, pois assim é o plural, foram se diversificando. Muitos perderam a aura socialista, outros tantos viram no acolhimento de jovens judeus do mundo todo uma forma de se financiar e, ao mesmo tempo, fazer andar o trabalho agrícola. Tenho vários amigos judeus que passaram temporadas num kibutz colhendo laranjas (fazendo festas, conhecendo gente...). O turismo foi para muitos kibutzim um renascimento econômico.

Estava pensando, de novo e com mais urgência, no banho e na comida quando o segurança na guarita apontou uma lanterna na minha direção. Expliquei em inglês que estava indo para o albergue, onde tinha reservado uma cama — "*I've booked a bed at the hostel!*" Falando alto, quase gritando para ele me ouvir, mencionei algumas vezes que era turista, que vinha do Brasil. Em segundos, concluí duas coisas: ele mal compreendia meu inglês e ali não tinha albergue algum. Ou seja, a placa lá embaixo na estrada não era para indicar a direção do albergue, e sim do hotel que ficava dentro do kibutz, isso o segurança conseguiu dizer. Um hotel que, eu descobriria depois, era caro, muito além das possibilidades do meu orçamento. Entre gestos e frases entrecortadas, entendi ainda que ele pedia que eu esperasse, ele ia ligar para alguém. Nessa hora, confesso ter sentido certo desconforto. Eu me coloquei no lugar do segurança, vendo chegar no meio da noite na guarita um homem de feições indefinidas, barba de três dias, mochila nas costas, cara cansada, procurando algo que não havia ali. Se eu fosse segurança, também teria desconfiado.

Mais alguns minutos e, depois de alguns telefonemas com variadas explicações das quais não entendi uma palavra, veio vindo do lado de lá da cerca um carro. Chegando no portão, vejo que o motorista, único ocupante do veículo, era um militar devidamente uniformizado. Veio falar comigo num inglês britânico, com pouco sotaque, a não ser uma espécie de língua presa bastante comum nos israelenses. Não por uma questão congênita, mas, acredito, por conta de um fonema do hebraico, que faz com que quase todo "r" tenha som de "g". Contou que era capitão, me perguntou de onde eu vinha, o que queria. Confirmou que no kibutz tinha um hotel, com diária de mais de 250 dólares. Retomei minha história, reforcei a brasilidade, o caráter turístico e de orçamento enxuto da viagem, o cansaço, a confusão com a placa lá embaixo. E ele: "Estou indo para uma base militar a uns dez quilômetros daqui, o albergue fica no meio do caminho, te deixo lá." "Perfeito", disse eu, ainda meio desconfortável, pensando que era óbvio que a saída do capitão naquela hora não era coincidência, que ele estava checando se minha história era verdadeira, que a qualquer suspeita poderia me prender, sei lá. E ainda que, por estar viajando ao lado de um militar, eu poderia ser um alvo em potencial de algum outro barbudo com intenções menos prosaicas do que as minhas. Pensei em manchetes de jornal, reportagens na TV, a repercussão com os colegas. Esses questionamentos internos e mais uma conversa sobre futebol, e foi o tempo de chegarmos na entrada, aí sim, do albergue. Nos despedimos, estava tudo certo com a minha reserva, tomei meu banho, comi e fui descansar.

Nos dias que se seguiram, eu conferiria in loco como a água do mar Morto era nojenta de tão salgada. Quase viscosa. Comprovaria também a veracidade das imagens que tinha visto, de gente sentada na superfície lendo jornal. Constataria que, naquele lugar estranho, eu era inafundável. Teria ainda contato com a lama do mar Morto de propriedades medicinais propagandeadas mundo afora. Isso aconteceu num spa público, a poucos quilômetros do albergue. Por uma módica quantia de shekels, qualquer visitante podia conhecer, além da praia, a tal lama e ainda banhos de água termal, que também tinham fama de fazer bem — e quem era eu para duvidar? No vestiário, estavam todos nus. Não pude deixar de notar que aparentemente eu era, naquele momento, o único não judeu.

Boiei, passei lama na cara e no corpo, banhei-me nas águas sulfurosas e estava pronto para voltar ao albergue e pensar no restante da programação. Devo ter dedicado menos tempo ao spa do que algumas outras pessoas que, tinha notado, também estavam hospedadas no albergue. O ônibus que deveríamos pegar só passaria dali a mais de quarenta minutos. A opção? Caminhar por meia hora pela estrada. Lá fui eu, apreciando a paisagem montanhosa à esquerda, o mar Morto à direita, poucos carros, pouquíssimos. Um silêncio, só cortado pelo vento quente. De repente, no asfalto, um desenho. Pensei logo em grafite, mas ali, no meio do nada? Olhando melhor, entendi que não era grafite. A imagem no chão escuro me lembrava de outra coisa... série policial. Era o contorno branco de um corpo, ressaltado no asfalto. Uma perna dobrada, um braço esticado ao lado do qual o que poderia ser o contorno de uma arma. O desconforto da outra noite bateu de novo. As manchetes... Segui caminhando, talvez um pouco mais rápido e, a uns trinta metros do primeiro desenho no chão, mais dois. Um quase do outro lado da estrada. Lembrei que ali para o leste, na outra margem do mar Morto, ficava o reino Haxemita da Jordânia. Pensei logo num comando suicida, interceptado por forças especiais de Israel. A situação explosiva do Oriente Médio, a questão palestina que eu tinha estudado e noticiado tanto, as facções, as correntes, as dificuldades de negociar a paz. Quando cheguei no albergue estava esbaforido. Perguntei, mas ninguém soube me dizer o que eram as marcas. Ou ninguém quis. Tentei deixar para lá, esquecer aquilo, mas não esqueci. A prova é que você está lendo esse relato que guarda o tom assustado daquele dia. Ao mesmo tempo, pode de fato não ter sido nada. Ou um mero acidente automobilístico, uma intervenção artística, uma brincadeira adolescente. Vai saber.

Os dias em Ein Gedi terminaram, não sem antes eu ter visitado as ruínas da fortaleza de Massada, de onde ainda hoje é possível avistar, lá embaixo na planície desértica, as marcas dos campos fortificados romanos que cercaram aquele grupo de zelotas no século I. Um grupo tão apegado a seus valores, costumes e religião que, conta a história, preferiu o suicídio coletivo a viver sob o jugo de Roma na

Judeia. Um episódio trágico num lugar impactante. Para a história, ficaram os relatos e as ruínas. A que mais me impressionou foi a da grande cisterna, que garantia o abastecimento de água no alto daquele morro seco.

Agora, sim, rumo a Jerusalém! Mais um ônibus, só que, dessa vez, para uma viagem de apenas cinquenta quilômetros, coisa pouca. Continuamente habitada desde 3000 a.C., Jerusalém é a "Cidade da Paz", como indica seu nome em hebraico, e "A Sagrada", ou Al--Quds, em árabe. Desafio qualquer um, crente, religioso fervoroso, agnóstico ou ateu, a ficar insensível a uma visita a Jerusalém. No meu caso, o primeiro impacto foi de estranhamento.

Na rodoviária, na parte nova da cidade, como em muitos outros lugares em Israel, chama a atenção a forte presença militar, que tem uma lógica para além das tensões regionais (mas também realimentada por elas): todos — ou quase todos — os israelenses, independentemente do sexo, ao completar 18 anos têm que servir às chamadas Forças de Defesa de Israel. Na época dessa história, para os homens eram obrigatórios três anos de serviço militar, para as mulheres, dois. Em 2015, o tempo de serviço dos homens foi reduzido em quatro meses. O "quase todos" que eu disse anteriormente tem a ver com algumas exceções. Árabes israelenses não servem, a não ser a pequena comunidade cristã drusa. Judeus ortodoxos também são isentos de prestar o serviço militar. Há, além desses, um grupo ainda menor, dos que alegam objeção de consciência, por serem pacifistas ou antimilitaristas e podem ser isentos se isso for comprovado por uma comissão multidisciplinar. Mesmo com as isenções, qualquer um que tenha visitado Israel há de ter notado como é forte a presença militar, inclusive nos locais sagrados da Terra Santa, às vezes até mais ainda.

Nas minhas dicas anotadas ainda em Londres, constava mais um albergue, bem barato, perto da Porta de Damasco, na parte árabe da cidade velha. Foi para onde rumei. Peço desculpas pelo clichê, mas passar por um dos pórticos construídos nos muros que delimitam a porção antiga de Jerusalém é como entrar num outro tempo. São nove os pórticos que estão abertos, e há mais três fechados ou murados. O de Damasco é dos mais bonitos, para mim, claro. O aperto das vielas, o comércio intenso, o cheiro de comida e especiarias, as línguas que se misturam, os grupos de turistas religiosos que refazem passagens bíblicas, os outros viajantes vindos do mundo todo, os vendedores em busca de turistas e, aqui e ali, em patrulhas, postos de controle ou em cima da velha muralha, os soldados. Mulheres muito cobertas, pouco cobertas, sandálias arrastando no chão de pedra, o garoto correndo com uma bandeja de chá. Não mais que de repente, estou no endereço indicado por um amigo.

Uma porta estreita, um corredor também apertado e chego a uma recepção escura, tudo meio cinza. De fato era barato, muito barato. Nada de cama reservada no dormitório coletivo. O recepcionista, cara fechada e de poucas palavras, usou algumas para dizer que lençol, cobertor e travesseiro precisam ser retirados na portaria. Mochila ficava trancada no armário perto do banheiro, também coletivo. Paciência, o barato tem um preço.

Ainda era meio da tarde, resolvi bater pernas pela cidade, questão de ver se animava a alma, indo a algum templo, e também o corpo, com uma cerveja e algo de comer. Não sem antes lembrar de estender minha toalha úmida no varal que ficava no terraço do albergue, onde jovens europeus se esparramavam por sofás duvidosos fumando narguilés, também duvidosos. Feito isso, peguei a mochila menor e saí a explorar. Não tinha andado nem cem metros quando me deparei com a entrada de outro albergue. Uma porta de metal e vidro imaculadamente limpa, brilhante até. Não resisti e entrei. Na recepção decorada com bandeiras palestinas e fotos de Yasser Arafat, um funcionário que era todo sorrisos assistia a um jogo de futebol europeu na TV atrás do balcão. Pedi para ver o quarto, onde dormem no máximo seis pessoas — no outro eram 12. Limpíssimo e com banheiro próprio. Perguntei o preço, o mesmo do meu baratinho mais para sujo ali no começo da viela. Em questão de segundos, decidi. Voltei a passos rápidos ao primeiro albergue e pedi meu dinheiro de volta. O recepcionista não gostou, ficou com 30% depois de uma discussão que preferiria nem ter começado. Peguei minha mochila, saí xingando o mundo e fui para o albergue palestino limpo. Ufa.

Como em quase todos os edifícios daquela área, daquela cidade, o terraço era uma atração. Fui respirar um pouco e me planejar. Lá em cima, um vento bom, o sol foi baixando. "Daqui a pouco é hora das orações, de novo", pensei olhando para a cúpula dourada da mesquita do Domo, na Esplanada das mesquitas, logo acima do Muro das Lamentações e não longe do monte das Oliveiras. Pensei na geografia complexa, nas interseções das grandes religiões monoteístas, nas dificuldades do caminho para que a cidade sagrada pudesse vir a ser, algum dia, de fato, a Cidade da Paz. Fui passando os olhos pelos telhados em volta e avistei, a uns cem metros, um varal. Nele... a minha toalha! Tinha esquecido a toalha no albergue sujinho. Toca a correr pra lá, passar pela portaria e reencontrar o mal-humorado, xingar um pouco mais gritando que tinha esquecido a toalha. No final das contas, deu tudo certo.

Na volta, conheci os dois alemães e o austríaco com quem dividiria o quarto. Tudo gente fina. Um deles já dormindo, mesmo antes das sete da noite. Notei que a mão estava pintada de hena, mas nada perguntei. Trocamos algumas palavras e me convidaram para jogar um gamão e tomar uma cerveja num bar ali perto. "Mas aqui na cidade velha?", pensei. Sim, numa entrada discreta, a uns quatro degraus abaixo do nível da rua, estava a porta de um bar. Cheio de gente. Na maioria turistas, de todo canto, como dava para ouvir. Cerveja e gamão, mas também homus, quibes, azeitona, berinjela, pão árabe e outras iguarias. Recepção perfeita, aí sim.

Na manhã seguinte, mais uma emoção: a necessária visita ao Yad Vashem, o memorial do Holocausto, que ficava fora da cidade velha. Mais uma vez, não dava para ficar indiferente. Nunca será possível esquecer, e o museu estava ali mesmo para nos lembrar do horror perpetrado pela máquina de morte nazista. O visitante é informado que, antes da Segunda Guerra, a Europa tinha nove milhões de judeus, dos quais seis milhões foram sistematicamente assassinados por causa da "solução final" implementada pelos nazistas — a prova cabal de que a humanidade de tantas maravilhas é também capaz de produzir os mais atrozes pesadelos. Não tirar uma lição disso, e a história mostra que muitos não tiraram, torna tudo ainda mais vergonhoso. A guerra da Iugoslávia (ou da Bósnia, dos Bálcãs), o massacre em Ruanda, o racismo, as desigualdades que se aprofundam, ali mesmo no Oriente Médio, as dificuldades de levar adiante um processo de paz com os palestinos digno desta definição. É, temos um caminho longo pela frente.

Na volta, de ônibus, para a cidade velha, a necessidade de algum respiro. Um bom suco de laranja com cenoura feito na hora em qualquer esquina ajuda a fortalecer o corpo e acalentar a alma. E voltei a andar. No caminho para o Santo Sepulcro, o primeiro motivo para um sorriso. A loja de suvenir atende pelo singelo nome de "Stairway to Heaven", associando o fato bíblico acontecido naquele cenário com o título de um clássico do Led Zeppelin.

Parei para olhar em uma vitrine um tabuleiro de gamão que, pensei, nem estava tão bem-acabado — e olha que o que não faltava naquelas terras era tabuleiro de gamão bem-feito. Estava quase seguindo meu caminho quando o vendedor, que me avistara lá de dentro, começou a falar comigo. Primeiro em árabe, depois hebraico — realmente, devo ter feições semitas. Até que consegui entender algo em francês. Ele me perguntou de onde eu era e, diante da minha resposta, emendou: "Tenho um primo que vive em São Paulo... Ah, o Brasil!"

Eu queria ir embora, nem tinha gostado tanto assim do tabuleiro, mas ele insistiu na conversa. Me chamou para dentro da loja, pediu a um garoto que fosse buscar um café ao lado e danou a contar a história da família e a dizer que eu não precisava comprar nada. Disse que estava triste pela sorte dos palestinos, pelas dificuldades da vida, perguntou sobre São Paulo, sobre as possibilidades de trabalho no Brasil. Passou a falar da aldeia de onde vinha, da diáspora palestina, perguntou se eu não ia levar nada para minha mãe, pediu outro café, puxou mais conversa. Resultado, mais de uma hora depois de entrar numa loja na qual não queria comprar nada, saí com um tabuleiro de gamão bem mais ou menos, um colar de âmbar de origem duvidosa e um vestido supostamente bordado pelas mulheres da aldeia do vendedor, que meses depois eu doaria para uma campanha da Cruz Vermelha em Londres. "Bom negociante", pensei. Já eu, péssimo.

A primeira visita ao Santo Sepulcro foi marcada pelo mesmo estranhamento que teria no Muro das Lamentações, pela quantidade de gente armada. No local que, segundo as escrituras, abrigou o túmulo de Cristo, um outro incômodo: a quantidade de excursões ao mesmo tempo e, com elas, os muitos vendedores de suvenires. Não pude deixar de lembrar da passagem bíblica em que Jesus, muito revoltado, expulsa os vendilhões do templo.

Na mesquita de Al-Aqsa e na Cúpula da Rocha, os dois locais mais importantes para os muçulmanos em Jerusalém, senti, curiosamente — e talvez pelo fato de ter que deixar os sapatos do lado de fora, o que já remete a uma humildade, a uma contrição —, algo mais próximo do sagrado. A Cúpula da Rocha é uma das construções mais emblemáticas da cidade, com o dourado de seu domo podendo ser visto de boa parte da cidade. No interior, fica a rocha de onde, diz o Corão, Maomé teria empreendido uma das idas ao céu em vida. Sim, em vida, para tirar a limpo desconfianças em relação ao suposto adultério de uma de suas esposas. De acordo com a tradição islâmica, Alá tirou todas as dúvidas e garantiu que a esposa era fiel.

Com alguns dias em Jerusalém, percebi que já valia a pena apenas se perder nas vielas, passar pelos diversos bairros, de maioria desta ou daquela religião, ver como comerciantes judeus e árabes convivem lado a lado em harmonia, indicando que muita coisa é possível. Parar para comer um faláfel, observar senhores tomando chá e jogando, ver o fluxo de fiéis de todo tipo enchendo e esvaziando ruas cobertas, verdadeiros fluxos sanguíneos das artérias da civilização judaico-cristã e das tradições do Islã, alimentado pela fragilidade do ser humano, pela necessidade de crer, pela determinação de insistir...

Ia eu filosofando e andando quando notei que estava me aproximando de um dos acessos ao Muro das Lamentações, mas ainda no bairro árabe. Uma região onde, em alguns pontos, é possível avistar casas cobertas com bandeiras de Israel. São imóveis ocupados, mais ou menos pacificamente, por famílias judias religiosas, favoráveis à ocupação de toda a cidade, vista como capital única e indivisível de Israel. Isso faz aumentar a presença militar e a tensão em algumas áreas. E faz também com que a passagem de judeus ortodoxos por algumas ruas seja marcada por provocações, como a que eu presenciei.

Um jovem judeu, facilmente identificado pelas roupas, com o *shtreimel* (chapéu escuro de pele) por cima da quipá e o *peiot* — os cachos de cabelo descendo pelas laterais do rosto —, passou andando num passo firme e rápido, como eu tinha visto vários fazerem nos últimos dias nessas rotas que levam ao Muro. No caminho, esbarrou numa mulher árabe que ajeitava legumes numa pequena mercearia e não parou. Ela se espantou, ele seguiu e três garotos começaram a jogar em sua direção o que tinham à mão, como garrafas plásticas e uma lata. O religioso tirou os óculos e apertou ainda mais o passo. Num posto de controle mais para a frente, soldados ouviram o barulho e começaram a vir na direção dos meninos, mas, antes que eles chegassem, dois homens se interpuseram entre os garotos árabes e o judeu. Criaram uma barreira física, pedindo calma e possivelmente evitando algo pior. Os meninos correram enquanto os soldados se aproximaram um pouco mais. Também cheguei perto e reconheci os pacificadores. Eram dois dos meus colegas de quarto, os dois alemães que tinha conhecido no albergue. Ali mesmo, conseguimos rir da situação, um riso aliviado e, tenho certeza, cheio de lembranças, significados e possibilidades. Combinamos uma cerveja para mais tarde. No dia seguinte, eles iriam começar a viagem que os levaria para o local de onde eu tinha vindo, a costa do mar Vermelho. Eu embarcaria de volta para Londres.

No aeroporto, uma derradeira surpresa. Fui repreendido — levei uma bronca, vai — por agentes antiterroristas à paisana por deixar meu carrinho de bagagens desassistido enquanto olhava um cardápio de lanches. Talvez estivesse mesmo distraído, mas com outra coisa. Pensava naquela cena, os dois alemães pedindo calma a adolescentes palestinos para proteger um judeu ultrarreligioso. Uma cena que nunca me saiu da cabeça. E que, desde aquele momento, pensei que poderia render uma história boa, sobre diferenças, semelhanças, guerra, paz e esperança.

Esta história, que você acabou de ler.

OSLOBOĐENJE

Dodik, ikona i atentat na Vučića

Iz Tužilaštva BiH je, kao i uvijek, šturo saopšteno da je preduzeto više aktivnosti iz nadležnosti Tužilaštva BiH

Sistem u BiH je loš

Legendarni rukometni golman Danijel Šarić govori za Oslobođenje

HUNGRIA

Sarajevo

Sarajevo e a terra da liberdade

A paixão pela história e pelas histórias vem de menino. Lembro de adorar ouvir minha irmã, Renata, lendo para mim quando eu ainda não sabia ler. Do aprendizado subsequente nos quadrinhos, da descoberta dos jornais, da compreensão de que tinha gente por trás daqueles textos — assim como os noticiários do rádio e, principalmente, da TV eram fruto de um trabalho coletivo de vários profissionais. Daí para perceber que era possível ser alguém que vive de estudar, ver, registrar e contar histórias, de perguntar para tentar entender e ajudar a explicar os fatos, seus personagens e suas circunstâncias históricas, foi um pulo. Assim como a constatação de que esse ofício nem sempre é fácil ou seguro. Essa lembrança voltou a me atormentar num passeio solitário por Sarajevo, capital da Bósnia e Herzegovina, uma das seis repúblicas que ficaram independentes com o esfacelamento da antiga Iugoslávia, no início da década de 1990. As outras eram Macedônia (hoje Macedônia do Norte, para não confundir com a província grega de mesmo nome), Eslovênia, Croácia, Sérvia e Montenegro.

Eu estava em frente a um prédio semidestruído, ou semirreconstruído, que tinha visto dezenas de vezes em matérias de jornal e, principalmente, nas imagens que as agências de notícias distribuíam para canais do mundo todo ao longo dos anos do pior conflito na Europa desde a Segunda Guerra Mundial, aquele que sacramentou o fim da Iugoslávia unificada e forçou mais um redesenho do mapa daquela conturbada região dos Bálcãs.

Havia anos que eu conhecia aquele lugar, quer dizer, sabia da sua existência e conhecia suas imagens, como muitos jornalistas que cobriam o noticiário internacional a partir de seus países de origem — função diferente da do correspondente, que manda as notícias, registros e reportagens colhidas no exterior para a empresa, jornal, TV, rádio ou site para o qual trabalha. Conflito na Europa, significa, entre outras coisas, muitos jornalistas trabalhando e, com isso, um grande volume de material produzido diariamente. Esse fluxo permitia que eu ficasse quase íntimo de nomes como Sarajevo, Mostar, Zagreb, Belgrado, Srebrenica e tantos outros.

Assim como tinha me comovido com o drama daquele povo multifacetado de língua ininteligível, de nomes com grafia e sonoridades espinhosas, frequentemente terminados em "ic", mas pronunciados "itch", como Slobodan Milosevic, Ratkto Mladic, Goran Panic. Gente que um dia tratava o vizinho como irmão — ou quase — e no outro, como um inimigo mortal. Um dia os iugoslavos tinham orgulho do quebra-cabeças cultural e religioso, que colocava, se não lado a lado, pelo menos bem perto igrejas católicas, cristãs ortodoxas, mesquitas e sinagogas. No outro, matavam-se em nome de Deus, criavam fronteiras definidas pela fé. Um dia eram a face mais humana do mundo socialista, com liberdades individuais raramente vistas na então União Soviética; no outro, cada um de seus países era palco das mais sangrentas lutas fratricidas, alimentadas pelo mais radical ultranacionalismo.

Cenas, discursos e posturas que remetiam às piores lembranças da fase em que os iugoslavos foram subjugados pela Alemanha nazista, quando parte da população se arriscou na resistência e outra parcela não hesitou em cerrar fileira com as SS assassinas de Hitler e seus comparsas. Por isso aquele prédio em ruínas tinha tanta importância, na minha memória e para a minha vida. Era o edifício-sede do jornal *Oslobodjenje*, fundado ainda durante a Segunda Guerra Mundial, numa região libertada das forças dos invasores nazistas e seus aliados regionais. Daí o nome do jornal, que quer dizer "Liberação".

Durante o cerco de Sarajevo, entre 1992 e 1996, o prédio foi seguidamente alvo das bombas e tiros de grosso calibre das forças sérvias que sitiavam a capital bósnia para forçar uma rendição, que nunca veio. Mesmo assim, a equipe da redação e os funcionários da gráfica, profissionais de jornalismo bósnios, sérvios e croatas, não deixaram de imprimir e distribuir o *Oslobodjenje* nem um dia sequer.

Mas antes mesmo dessa história de bravura, que valeu o reconhecimento internacional, além de prêmios, à equipe do jornal, outra imagem produzida pela guerra da Bósnia havia me marcado. A de um repórter cinematográfico atingido por um tiro no braço, que acabou por derrubar a câmera dele, em meio às escaramuças entre forças bósnias e sérvias, ainda em 1992.

A imagem remetia a outras, que alimentaram o meu fascínio e o medo também. A primeira era de 1973, no Chile, naqueles dias que precederam o fatídico 11 de setembro em que se consumou o golpe do ignóbil general Pinochet contra o presidente socialista, democraticamente eleito, Salvador Allende. É o derradeiro registro de um cinegrafista que teve a audácia de apontar sua câmera para soldados reprimindo uma mobilização. Ele foca num oficial, na outra esquina. O militar percebe, saca a pistola do coldre e mira. Em poucos segundos, mal o telespectador entende que estava criado um duelo desigual, o oficial dispara. A imagem treme e some, junto com a vida do jornalista.

Outra cena grotesca, arquivada no meu HD desde os 11 anos, foi a da execução fria de um enviado especial do canal americano ABC em 1979, durante a guerra civil da Nicarágua. Nas imagens, feitas por um colega à distância, Bill Stewart se aproxima de um grupo de soldados das forças do ditador Anastacio Somoza. Numa das mãos, a carteira de imprensa, na outra, um lenço branco. Um soldado manda que ele se deite no chão, de bruços. Bill não esboça resistência. O militar dispara, a imagem dá um pulo. O jornalista estava morto.

Em comum no Chile, na Nicarágua e em tantos outros países da América Latina daqueles tempos, a Guerra Fria, a disputa de hegemonia entre Estados Unidos e URSS, que tantas vidas custou a aliados de um ou do outro lado. A mesma Guerra Fria da qual a Guerra da Iugoslávia era um fruto tardio, já que era um produto do desmoronamento do bloco soviético e do consequente reequilíbrio de forças.

Foi no conflito dos Bálcãs, pelo menos na minha memória, que se popularizou a figura do *sniper*, o franco-atirador. O uso desses exímios soldados ou paramilitares, capazes de acertar um alvo a grandes distâncias, foi uma das marcas da Guerra da Bósnia. A tal ponto que a principal avenida de Sarajevo ficou conhecida como "Sniper Alley", a "Alameda do Franco-atirador", onde militares bósnios, integrantes das forças de paz da ONU, mas, principalmente, civis, homens, mulheres e crianças, foram covardemente executados por atiradores sérvios, postados nas montanhas que cercam a cidade.

Uma trágica história de amor virou símbolo desse local de tão triste memória. Os protagonistas da cena, depois transformada em documentário, eram Bosko e Admira. Ele, sérvio-bósnio, cristão ortodoxo. Ela, bósnia muçulmana. Naquele 19 de maio de 1993, os dois tinham 25 anos (a minha idade na mesma época, já que, como eles, sou de 1968, mais precisamente de maio de 1968). Em meio ao cerco de Sarajevo, uma trégua foi acertada para que civis deixassem a cidade. Bosko e Admira acreditaram nisso. No final da tarde, quando mal tinham começado a atravessar uma ponte numa das extremidades da avenida, um tiro. Bosko caiu, morto. Logo depois, outro tiro. Admira, ferida, ainda rastejou até abraçar seu amado. No documentário *Romeu e Julieta em Sarajevo*, de John Zaritsky, somos informados que Admira agonizou por 15 longos minutos antes de morrer. As imagens não foram suficientes para pôr fim ao conflito, mas fizeram aumentar a indignação de parte considerável da opinião pública internacional, principalmente em relação à inação das grandes potências, mas também da ONU, que supostamente mantinha forças de paz na região.

Era incrível pensar que aquela cidade por onde eu estava batendo pernas desde cedo, pacata, cheia de vida, pulsando juventude e esperança, era a mesma Sarajevo destroçada pela guerra fratricida alguns anos antes. Mas você pode estar se perguntando: como é que eu tinha ido parar ali? Então conto.

Meses antes, ainda no Brasil, combinei com minha grande amiga Claudia, com quem dividi apartamento nos tempos de BBC, que passaria pelo menos um pedaço das férias na velha Albion. Ela tinha oferecido abrigo em sua casa, no prédio para o qual tinha se mudado havia pouco tempo, perto de Isle of Dogs, antiga região industrial do leste de Londres, que vivia um boom imobiliário, com muitos novos empreendimentos, atraindo jovens profissionais. Nas conversas, ela me disse que estava organizando uma ida à antiga Iugoslávia, Bósnia e Croácia, na mesma época. O combinado era com Marijana, uma croata que conhecíamos do nosso tempo na mítica Bush House da BBC no Strand, a dois passos da London School of Economics e da Fleet Street, que ganhou fama como a "rua dos jornais" na capital britânica, ainda que já não abrigasse mais tantas redações.

"Tô nessa", disse sem pestanejar. E rapidamente nasceu o roteiro. De trabalho mesmo, só um relato de viagem para a Vizoo, saudosa e despretensiosa revista criada por amigos no Rio, misto de vitrine para ensaios fotográficos, do camarada Pedro, e entrevistas e matérias basicamente a cargo do editor e amigo Duda, com algumas colaborações. Eu entrava nessa. Crônica, resenhas de livros e, aqui e ali, uma matéria ou outra. Seria o caso.

Um voo charter de Londres para Zagreb, conexão de algumas horas na capital croata, tempo para almoço local e tour a cargo de amigos da Marijana e outro voo para Sarajevo. A antiga encruzilhada de comércio, com influências arquitetônicas, culturais, gastronômicas e sociais dos Impérios Turco-Otomano e Austro-Húngaro, era o caldeirão étnico e religioso que passou a ocupar minha mente. No Boeing 727 que cortava a noite, alguns funcionários de organismos internacionais, um ou outro militar, inclusive boinas azuis das Nações Unidas, algumas poucas famílias e um número menor ainda de turistas. Estávamos longe do boom que injetaria dinheiro e traria novas perspectivas para a região alguns anos mais tarde. Na chegada, nada de esteira para as malas, colocadas lado a lado no chão. E a sempre deliciosa sensação de mergulhar no desconhecido, de adentrar uma nova realidade, em que o gesto mais prosaico, a atitude mais trivial, como comprar um lanche ou pegar um táxi, vinha revestida da aura de um pequeno desafio pessoal — e a cada vez que uma dessas tarefas era cumprida, de uma pequena vitória. Tinha aprendido com o meu pai que poucas coisas na vida são melhores do que conhecer novos lugares, novas realidades e eventualmente encontrar conexões com as nossas bagagens de vida, por mais distantes e diversas que fossem. É assim até hoje.

O combinado era só encontrar com a Marijana na perna croata da viagem. Sarajevo seria um passeio da dupla brasileira — que na verdade acabou se transformando numa aventura basicamente solitária, uma vez que minha amiga já embarcou com uma gripe forte e passou a maior parte do tempo descansando para se recuperar. O táxi nos deixou num edifício residencial moderno, de classe média, que pelo jeito já havia conhecido tempos mais nobres. Mas era muito bem localizado, à beira do rio Miljacka (pronuncia-se Miliátch-ka), e o apartamento de dois quartos que reservamos ficava na cobertura, com vista para o rio e para as montanhas em volta. Era lindo.

No terraço, lembranças do conflito: marcas de tiro, muitas, nas paredes. Fazia sentido, os franco-atiradores ficavam posicionados logo ali em cima. Ao conversar com a dona da casa, que arranhava o inglês e um pouco de francês, mais marcas da guerra. Mais dolorosas essas. A dona da casa usava uma prótese para andar. Perdera parte da perna direita na fila do pão. Isso mesmo. Durante o cerco, aglomerações de civis, como feiras livres, mercados e padarias eram alvos constantes dos morteiros das forças sérvias. Ela contava isso como se fosse apenas um dado na biografia. Sem raiva aparente. Com um certo orgulho até. Afinal, tinha resistido, enquanto milhares de outros não tiveram a mesma sorte, e podia passar sua história adiante, até mesmo para um jornalista brasileiro de férias em Sarajevo. Orgulho ainda maior ficou evidente quando a senhorinha, que descobri engenheira de formação e que tirava o sustento do aluguel de quartos para turistas e funcionários internacionais, mostrou a foto em preto e branco de um grupo, em que aparecia ao lado de uma missão de cooperação iugoslava na África. No centro da foto, o marechal Josip Broz Tito. Aquele croata, de feições quadradas e mais para duras, tinha sido o símbolo da Iugoslávia unificada e, descobriu-se, o único capaz de manter unidos aqueles povos irmãos. E tinha uma história fascinante.

Nascido ainda no Império Austro-Húngaro, Tito desde jovem era considerado um militar brilhante e chegou a ser capturado por tropas russas czaristas durante a Primeira Guerra Mundial. Foi mandado para um campo de trabalhos forçados, de onde sairia para se juntar às tropas que derrubariam o regime na Revolução de Outubro. Voltou para a Iugoslávia um comunista determinado e liderou os partisans na luta de resistência aos nazistas e seus aliados, também croatas, já na Segunda Guerra. Depois do conflito que arrasou a Europa e arrastou o mundo, dedicou-se a manter a Iugoslávia unida e laica, contendo ou sufocando anseios nacionalistas. Ainda teve a ousadia de querer que o país ficasse neutro na queda de braço entre americanos e soviéticos. Criou e liderou por anos o movimento dos chamados "não alinhados" e era tido como um negociador sagaz. Conquistou amigos e inimigos dos dois lados, e também internamente. Muito carismático, era também concentrador e não desdenhava um culto à personalidade. Morreu doente em maio de 1980 e, para muitos analistas, a ausência dele reacendeu os brios nacionalistas que estourariam em guerra uma década depois. Mas, para a dona daquela cobertura à beira do rio que corta Sarajevo, o marechal Tito era mais do que um líder político, era um camarada que amou um sonho, o sonho da Iugoslávia unida, independente, com liberdades individuais garantidas e uma clara separação entre religião e Estado.

Deixei-a com essas divagações e, pensando na figura de Tito, fui atrás da dica de colegas britânicos na cidade. Ainda naquela noite haveria uma festa promovida pela missão da ONU e organizações humanitárias em Sarajevo. O evento músico-etílico aconteceria num grande galpão. Música razoável, cerveja decente e um público diverso, digno de qualquer grande metrópole cosmopolita do mundo, com muitos estrangeiros, mas também forte presença local. Em meio ao pop alemão que saia das caixas, era bom constatar que, mesmo depois do pior pesadelo, o ser humano tem a capacidade de voltar a sorrir e celebrar a vida.

E tome de caminhar pela cidade, aqui e ali tentando ignorar a chuvinha miúda que teimava em cair. A história da proprietária do apartamento onde estava hospedado não me saía da cabeça, talvez por isso com ela viesse a vontade de reocupar as ruas, ir a uma feira, verificar que do céu era só a chuva fina e fria que caía, nada perto dos morteiros sérvios de outrora.

Com esse turbilhão mental, de repente me vi transportado para algum momento entre o final do século XV e o final do século XIX. Tudo remetia ao período em que Sarajevo era parte do Império Turco-Otomano. As vielas com seu calçamento de pedra, passando em frente a uma mesquita, as lojinhas e sua profusão de pratos, copos e chaleiras em cobre e ligas metálicas reluzentes, finamente trabalhadas pelos artesãos locais. O cheiro dos temperos, a camisa de um time de futebol... Opa. A camisa roxa (lilás, grená, como preferirem) do Sarajevo F.C., número nove às costas me trouxe de volta dessa rápida viagem no tempo. O lindo uniforme, que parecia o do Juventus, de São Paulo, foi um dos únicos suvenires que trouxe na mala. Sou um péssimo turista, eu sei. Mas o mercado ou bazar de Bascarsija, que data do século XV, é um lugar espetacular, até para um péssimo turista.

Nada melhor do que fechar uma visita com uma parada num dos inúmeros cafés para um *burek*, ou *bureka*, como já ouvi da comunidade judaica no Brasil. Aliás, em Sarajevo me contaram que o *burek* era uma criação e herança tanto dos turcos quanto da comunidade judaica sefardita, que encontrou abrigo na cidade a partir do século XVI, fugindo da Inquisição espanhola. Independentemente da origem exata, não dá para ignorar o folheado leve, recheado de carne bem temperada, queijo ou espinafre e que pode ser incrementada com um belo iogurte local. Para acompanhar, um café forte, esse, sem dúvida, legado turco.

A propósito, confesso que, em termos de passeios históricos, me aventurei no máximo até os locais marcados pelo domínio otomano. Um pouco mais de esforço e tempo e eu teria visitado também ruínas romanas, muito mais antigas. Mas meu interesse maior era a turbulenta Sarajevo do século XX. Não falo só de ver de perto as marcas da guerra mais recente, mas também de outra incursão a pé, até uma esquina insuspeita que, se não fosse por uma discreta placa, passaria despercebida. Grafado no mármore, estava: "Deste local, em 28 de junho de 1914, Gavrilo Princip assassinou o herdeiro do trono austro-húngaro, Franz Ferdinand, e sua esposa, Sofia." Sim, minha jovem, meu jovem, meus mais velhos e mais velhas, bem mais de um século antes de uma banda britânica achar o nome simpático a ponto de adotá-lo, Franz Ferdinand era o nome de batismo do herdeiro de um império, que foi morto a tiros ao desfilar em carro aberto, naquela rua de Sarajevo, capital da Bósnia. O assassino, Gavrilo, fazia parte de uma conspiração independentista, que teria como objetivo formar uma Grande Sérvia independente e seria urdida por uma organização chamada Unificação ou Morte, mas também conhecida como Mão Negra (e, sim, aos um pouco menos jovens, Mano Negra foi o nome de uma banda pop multicultural formada na França na década de 1990, mas nada indica que os terroristas eslavos tenham sido a inspiração).

    O atentado até hoje é cercado de algum mistério, principalmente quanto a um suposto envolvimento do governo da Sérvia, e não apenas de uma organização terrorista radical. Bem mais consensual entre os historiadores foi o grande desdobramento do duplo homicídio e do estremecimento das relações entre, de um lado, o Império Austro-Húngaro, apoiado por outro império, o Alemão; do outro, o Reino da Sérvia, com seus aliados da Rússia czarista e da França: o atentado contra o arquiduque Franz Ferdinand pode ser considerado o estopim para a Primeira Guerra Mundial, alguns meses depois.

    Essas divagações históricas são fascinantes, mas tomam tempo, coisa que eu não tinha de sobra naqueles dias. E faltava ainda visitar símbolos da outra guerra que abalou os Bálcãs, a que marcou o fim da antiga Iugoslávia. Um desses símbolos, assim como tantos outros, tinha a ver com o cerco de Sarajevo, o episódio mais marcante do conflito: um túnel subterrâneo, que se estendia por centenas e centenas de metros, passando por baixo das pistas do aeroporto da cidade, uma das raras ligações entre a capital bósnia e o mundo exterior — no caso, a área controlada pelos capacetes azuis da ONU, a chamada Bósnia livre. Na época da minha viagem, era permitida uma visita apenas parcial, só ao primeiro trecho do túnel, de menos de cinquenta metros, já que o restante acabou selado depois da guerra, com a justificativa de segurança, exatamente porque corta as pistas do aeroporto, poucos metros abaixo delas. Mas deu para ter uma ideia do que significava ter aquele túnel estreito como uma das poucas possibilidades reais de furar o cerco sérvio.

Outro compromisso na cidade era fruto de mais uma dica da Marijana, a amiga croata: uma conversa com o escritor Miljenko Jergovic. Nascido e criado em Sarajevo, ele viveu a guerra na cidade e encontrou na literatura refúgio para lidar com seus horrores. *Sarajevo Marlboro* ("Marlboro de Sarajevo" seria um título honesto em português) é uma coleção de contos sobre o cotidiano de moradores sob ameaça constante. Em cada história, marcada por choque, tristeza e, incrivelmente até, bom humor, esse resistente Jergovic fala da inacreditável transformação da capital bósnia. De importante centro comercial e multicultural daquela região da Europa a palco do ódio entre irmãos. Fala de destruição e morte, mas também de resiliência e esperança. Transborda de amor pela história da cidade e seu passado multicultural e lança luzes sobre os cantos mais obscuros da alma humana. O título remete às adaptações necessárias em tempos de guerra. Impossibilitada de manter o fluxo de compras com seus fornecedores de embalagens e determinada a seguir alimentando o vício de seus consumidores, a única fábrica de cigarros da área foi forçada a improvisar os pacotes. Com muita criatividade, papéis e papelão de todos os tipos e cores viraram caixinhas de cigarro. A inusitada roupagem valeu a marca de fantasia. Em outras partes da Bósnia, todo mundo sabia que aqueles maços improvisados eram a embalagem dos cigarros de fumo escuro e forte da capital, logo apelidados de Marlboros de Sarajevo. Sempre me lembro daquela conversa com o Jergovic, por algumas características marcantes: a falta de autopiedade e a determinação, que entendi ter sido consolidada na guerra, de seguir adiante apesar dos muitos pesares. Porque era necessário seguir adiante e ele sabia que não desistir era uma forma de ir em frente. Reencontrei essa mesma determinação, essa mesma confiança, num acadêmico iraniano que entrevistei no Rio muitos anos depois. Mesmo exilado havia anos, ele demonstrava ter certeza de que o regime dos aiatolás, já então com quase quatro décadas, era apenas um hiato autoritário que não duraria. Não demonstrava ter a menor dúvida de que o Irã, herdeiro da Pérsia milenar, era muito maior, mais rico e mais forte do que a tresloucada teocracia que chegou ao poder em 1979 derrubando o não menos tresloucado regime do xá Reza Pahlevi.

Voltei a me lembrar dessa confiança no 2020 da pandemia, no ano da Covid-19 e todas as suas agruras. Assim como o professor iraniano, assim como o escritor bósnio, eu, mero jornalista brasileiro, sempre repeti para mim mesmo e para todos com quem falava, sem a menor sombra de dúvida: "Vai passar."

Mas isso foi muito depois daquela viagem, que chegava ao fim, pelo menos em sua primeira etapa. Uma última cerveja, um último *burek* e um derradeiro café, e já estávamos no acanhado carro alugado, nas estradas sinuosas daquela região de montanhas, rumo à terra dos dálmatas. Nenhuma divagação aqui, a costa da Croácia, banhada pelo mar Adriático — aquele braço de Mediterrâneo que molha a parte de trás da bota italiana, por assim dizer —, tem como um de seus nomes históricos Dalmácia. Ali surgiram os simpáticos e altivos cães brancos de pintas pretas. Antes mesmo de assistir a *101 dálmatas*, eu já tinha ouvido falar da Dalmácia, ainda na infância.

Um belo dia chegou lá em casa um cartão-postal ilustrado pela foto de uma cidade linda, à beira de um mar ainda mais lindo. No selo, a estampa de um dálmata. O cartão era uma simpática lembrança de uma família amiga, contando das férias na então ainda Iugoslávia unificada. Tantos anos depois, não tenho certeza se a cidade retratada era Split. Para efeito de composição deste relato de reminiscências, vou acreditar, sem nenhuma certeza, que era Dubrovnik, destino final deste trecho da viagem. Mas antes, tinha o caminho. E no caminho, alguns registros, como a rápida visita a Mostar, outra daquelas cidades com nomes que a guerra tornou familiar.

Naquele momento, a cidade vivia ainda um período de reconstrução, inclusive de seu símbolo maior, a Ponte Velha. Projetada por um arquiteto turco, a construção, com seu característico arco alto, cruzando o rio Neretva, datava do século XVI. Resistiu às quedas dos Impérios Turco-Otomano e Austro-Húngaro, resistiu às duas guerras mundiais, mas não resistiu ao conflito que marcou as guerras nacionalistas que se seguiram ao fim da Iugoslávia. Em 1993, a ponte foi destruída pelas bombas das forças sérvias. Quando passei por lá, ela estava em pleno processo de reconstrução, um processo bem-sucedido com a ajuda da Unesco, que devolveu esse patrimônio histórico aos bósnios, ao mundo e aos intrépidos saltadores. Sim, há décadas que, a cada verão, destemidos moradores locais e alguns forasteiros mergulham do alto de seus mais de vinte metros nas águas do rio gelado.

Ainda antes da fronteira com a Croácia, passamos pelas placas indicativas de Medjugorje. Os mais católicos haverão de lembrar que este é o nome do principal santuário da Igreja na região. Uma espécie de Fátima da Bósnia. Não é exagero. No início da década de 1980, moradores dessa vila do sul da Bósnia começaram a relatar aparições da Virgem Maria. Diziam que ela não apenas aparecia, como falava com eles, explicando que seu objetivo era concluir o que havia iniciado em Portugal. Não lembro de relatos e nunca ficou claro para mim se as aparições continuaram durante a guerra, mas o mito da Virgem de Medjugorje, ou Nossa Senhora Rainha da Paz, se consolidou e permanece. Junto com ele, a indústria do turismo da fé, outra característica comum com Fátima, mas também Aparecida do Norte ou mesmo o Vaticano. Mas era noite, tínhamos demorado mais do que o previsto e Medjugorje ficou fora do roteiro.

Chegamos à fronteira onde a demora na conferência dos documentos me pareceu mais fruto da curiosidade em relação a nossos passaportes brasileiros do que a qualquer excesso de burocracia. Finalmente começamos um trecho da estrada que, intuímos e sentimos pelo cheiro de maresia, costeava o litoral. Antes de chegar a Dubrovnik, a escala programada era no vilarejo onde moravam os pais da Marijana. O casal de médicos, na casa dos sessenta anos, nos recebeu com genuína alegria e um reconfortante jantar regado a vinho, mais do que local, caseiro. O dono da casa cultivava videiras e fazia seu próprio vinho, além de plantar oliveiras e produzir seu próprio azeite. Como não podia deixar de ser, tinha as feições de um homem saudável, realizado e feliz. Ok, o vinho não era lá grande coisa, mas prefiro pensar que era problema da safra. Além do que, o azeite era ótimo.

O dia amanheceu nublado e frio, perfeito para uma caminhada perto do porto, o que rendeu um registro inusitado, para dizer o mínimo, antes de seguir viagem para a medieval Dubrovnik. No meio do passeio, percebi ao longe um senhor, todo de preto. Boina, casaco, calça, bengala, charuto. Tudo escuro. Caminhava devagar, mas resoluto. Levemente arqueado. A imagem da experiência, pensei com meus botões. O que não terá vivido e visto esse senhor? Como terá passado pela guerra? Certamente tem idade para ter passado também pela Segunda Guerra. Pensei em perguntar, mas talvez ele não entendesse, talvez me achasse um chato. Contentei-me em observar, caminhando devagar e divagando mentalmente sobre a vida e seus propósitos. Talvez para absorver algo daquele acúmulo de histórias em forma de homem, me aproximei um pouco mais. Estava quase ultrapassando o senhor, quando ouvi um poderoso estrondo que, logo entendi, acabara de ser produzido pelo corpo daquele vetusto ser humano. Tive um sobressalto, pensei num problema de saúde grave com aquele Matusalém croata. Nada, só eu tinha me assustado. Depois do histórico flato, o senhor de negro não se abalou, não pediu desculpas pelo mau jeito e nem parou de caminhar, com aquele mesmo passo lento e resoluto. Ignorou solenemente a presença daquele intruso ao lado dele. Tinha mais o que fazer da vida, sabia lá o quanto ainda poderia caminhar.

Seguiu no seu ritmo lento e constante, impassível, rumo ao que a história lhe reservava. Ciente que, naquela idade não tinha que dar explicações a ninguém sobre nada. O susto virou um tipo diferente e novo de admiração. Por mais desconfortável que possa ser, avalio o registro pertinente porque, de fato, aquele ponto de exclamação fisiológico marcou a viagem. Além disso, seria absolutamente natural que você já tivesse presenciado algo parecido na vida — ou ainda poderá testemunhar. Tome como um alerta, amiga, amigo, um lembrete de que não importa a imagem que queremos passar, somos todos seres divinamente projetados, movidos a comida e água, que compartilhamos não apenas sentimentos como também intricados mecanismos de respiração, alimentação e digestão, com todos seus subprodutos, voluntários ou não. E a vida seguiu.

Completada, talvez até excedida a dose de filosofia barata do capítulo, é hora de abrir espaço para falar um pouco da etapa final da viagem, com todo o seu impacto de história, imagens e sensações. Não é exagero nenhum, já que o cenário é a espetacular Dubrovnik. Abusando do lugar-comum, posso afirmar, sem sombra de dúvida, que ninguém fica indiferente à chamada Pérola do Adriático. Talvez nem mesmo os mortos, inquietos, segundo relatos de quem já pesquisou as histórias de almas penadas em mosteiros e nas masmorras de algumas das construções mais antigas. Claro que me refiro à cidade velha, com suas amuradas medievais, não às construções mais recentes em seu entorno. Uma cidade tão marcante que, mesmo na antiga Iugoslávia de tantas disputas nacionais, consegui ouvir de um sujeito que ele não só não era iugoslavo, mas tampouco croata. Na verdade, ele dizia ser apenas um orgulhoso cidadão de Dubrovnik e ficaria feliz em ver a cidade independente. Na hora me lembrei de uma música da década de 1970 do cantor francês Renaud. A Iugoslávia era ainda uma só e unida, mas o mundo vivia uma das muitas ondas de movimentos separatistas e/ou independentistas, com o IRA atuando na Irlanda do Norte, o ETA no País

Basco e muitos grupos mais, e Renaud cantava "Le blues de la Porte d'Orléans", o blues da porta de Orleans, que dizia assim:

> Puisque les Basques et les Bretons
> Les Alsaciens, les Occitans
> Les Corses, les Chtimis, les Wallons
> Y veulent tous être indépendants
> Puisqu'y veulent tous l'autonomie
> Qu'à priori y ont pas torts
> Bah c'est décidé moi aussi
> Je prends ma guitare et je cris bien fort
> Que je suis le séparatiste
> Du quatorzième arrondissement
> Oui que je suis l'autonomiste
> De la Porte d'Orléans

E tomo a liberdade de traduzir:

> Já que os bascos e os bretões
> Os alsacianos, os occitanos
> Os corsos, os chtimis, os valões
> Querem todos ser independentes
> Já que querem todos a autonomia,
> E a priori nem estão errados
> Bem, tá decidido, eu também
> pego meu violão e grito bem forte
> Que sou o separatista
> Do décimo quarto arrondissement[1]
> Sim, sou o autonomista
> Da porta de Orleans

---

1 Equivalente parisiense a um distrito, quase um bairro. Mantive o termo para não perder essa derradeira rima.

Findo o devaneio musical, volto a pensar em Dubrovnik, que já se chamou Ragusa, lá pelo século XIV, e já foi uma república independente — ou seja, o sonho daquele morador com quem troquei uma ideia num bar nem era assim tão descolado da história. Uma república pequena, é verdade, mas tão majestosa, vistosa e estrategicamente bem localizada, com seu intenso comércio, que conseguiu rivalizar com outra república, mais conhecida, que ficava na outra margem do mesmo mar, ali na frente, a portentosa Veneza de antes da unificação italiana.

Os milhões de turistas que já tiveram o privilégio de passear pelo calçamento de mármore da grande praça central da cidade fortificada, de se sentar num de seus muitos cafés, de experimentar o bom vinho branco local e provar da deliciosa culinária, prima-irmã daquela que conhecemos como mediterrânea — até porque o Adriático é um braço do Mediterrâneo, com seus peixes, frutos do mar e muito azeite —, talvez devessem mesmo agradecer à população local por preservar essa cidade única e de história tão rica.

Mais alguns exemplos dessa riqueza que começa na arquitetura e não para: em pleno século XXI, fomos lembrados, e sentimos, que o mundo é sujeito a pandemias. No final do século XIV, também sabiam disso. A devastadora peste negra havia feito milhões de vítimas, com os números variando entre oitenta e duzentos milhões de mortos, na Europa e em parte da Ásia. Alguns anos depois, com as tristes memórias ainda vivas, quando aquela região europeia foi assolada pela lepra, a então república de Ragusa reagiu com firmeza. Beneficiada pela sua condição geográfica e pela proteção das altas muralhas, que anos depois virariam locações para as filmagens de parte da série *Game of Thrones*, a cidade-estado se isolou do mundo exterior. Impôs uma série de restrições para barrar a entrada da doença. Entre elas, a de determinar um período de desinfecção para todas as tripulações dos navios que atracassem no porto e para todos os integrantes das caravanas de cercadores que chegassem à cidade por terra. Inicialmente, precisariam esperar trinta dias, mas depois esse período foi estendido para quarenta — daí a certeza dos dubrovnikers de que a ideia de quarentena nasceu ali entre os ciprestes do monte de São Sérgio, com suas pedras brancas e o azul profundo do mar.

Eu acreditei nessa e em outras histórias. Outra é a da vocação de Dubrovnik para a liberdade, posta à prova mais uma vez nos conflitos que tomaram as repúblicas iugoslavas no início da década de 1990. Assim como Sarajevo, Dubrovnik viveu um cerco, entre 1991 e 1992. Também imposto pelas forças sérvias, contrárias à independência da Croácia, que não hesitaram em bombardear aquele patrimônio da humanidade. Poucos anos depois da guerra, tudo o que havia sido destruído pelas bombas sérvias foi reconstruído.

Ainda nesse tema, vale lembrar da bandeira de Dubrovnik, que, na verdade, são duas. A primeira traz a figura do padroeiro São Brás de Sebaste ao centro, lembrando a forte religiosidade da população, majoritariamente católica. Mas prefiro a outra bandeira, que vi hasteada em vários edifícios históricos, inclusive nas torretas de observação das onipresentes muralhas. É uma bandeira simples, branca, com borda dourada e, no meio, em grandes letras vermelhas, a palavra *libertas*, "liberdade" em latim. Também remete à República de Ragusa, mais precisamente ao ano de 1418, quando foi abolida a escravidão e proibido o tráfico humano e a entrada de navios com escravizados no porto. No Brasil, você pode ter lembrado, também temos uma bandeira com a palavra *libertas*, a de Minas Gerais, que traz o mote *Libertas quae sera tamen*, ou "liberdade ainda que tardia". Mas no Brasil a escravidão, sabemos, só foi abolida em 1888, mais de quatro séculos depois de Dubrovnik. Ciente de que o relato de viagem já ganhou uma carga histórica gigante, acrescento ainda que o mote todo de Dubrovnik, que só traz a palavra "liberdade" na bandeira, é *Non bene pro toto libertas venditur auro* ou "A liberdade não se vende nem por todo o ouro". Com uma história dessas, faz sentido ser independentista por ali.

Mas nem só de história vive Dubrovnik e, além do banho de fatos, registros e imagens, o viajante que passa por ali não pode deixar de visitar uma das muitas praias da região para um banho ainda mais revigorante, o banho de mar. Eu, que já estava com saudade, e com pouco tempo, desprezei a concorrida praia de Banje, na costa, para um rápido passeio de barco até a pequena Lokrum, uma das muitas ilhas que orgulham os croatas e fazem a alegria dos visitantes. Além de um mosteiro beneditino medieval e das praias de pedras, a grande atração escondida de Lokrum é um lago no centro da ilha, cercado de ciprestes, a árvore mais comum na região.

Àquela altura, eu ainda tinha um dia de viagem, tempo de sobra para mais uma lula frita e um bom peixe, mais algum vinho e mais papo com a amiga Claudia sobre a vida e o jornalismo. Sobre como era viver longe do Brasil e como era possível, graças ao fator humano e tudo o que nos une, deixá-lo mais perto, mesmo estando em Londres, na Sarajevo de tanto sofrimento e tanta esperança ou na medieval Dubrovnik, cenário de *Game of Thrones* e terra da liberdade.

Schiermonnikoog
Nes
Ameland
West Frisian Islands
Terschelling
Waddenzee
Friesland
Vlieland
Leeuwarden
Harlingen
Margrietkanaal
Texel
Den Burg
Sneek
Assen
Den Helder
Heerenveen
Ijsselmeer
Noord- Holland
Emmeloord
Meppel
Hoorn
Alkmaar
Dronten
Zwolle
Flevoland
Overijssel
Raalte
Almelo
Deventer
Apeldoorn
Enschede
Leiden
The Hague
Utrecht
Zeist
Amersfoort
Hoek van Holland
Europoort
(International Seaport)
Vlaardingen
Rotterdam
Gouda
Ede
Arnhem
Doetinchem
Dordrecht
Breda
Tilburg
Berge op Zoom
Eindhoven
Terneuzen
Antwerp
(Belgium)
Weert
Duisburg

ANNE FRANK E O CRISTÃO-NOVO

"Sou do Recife com orgulho e com saudade" abre a primeira estrofe do grande "Frevo número 3", do enorme Antônio Maria, jornalista, poeta e cantor pernambucano que fez fama no Rio a partir da década de 1950 com suas crônicas e canções. Mais do que compositor, jornalista, como este que convida você a passear por estas páginas. Exagerado, décadas antes de Cazuza, Antônio Maria viveu intensamente e morreu cedo, aos 43 anos, seis meses depois do golpe de 1964. Homem de crônicas marcantes e paixões dilaceradas, do texto fluido e simples, daquela simplicidade dificílima de obter.

Mas, a bem da verdade, diferentemente do Maria, não sou *só* do Recife, sou *também* de lá. Nasci em São Paulo, mas vivi pouco tempo na megalópole. Para todos os efeitos, quando me perguntam respondo sem pestanejar: "Sou do Rio." Mas o Recife é em mim também, desde sempre e para sempre, com toda a carga afetiva e histórica que esse fato comporta. Foi do que o ilustre pernambucano Alceu Valença me lembrou num encontro fortuito na porta da TV. Eu saindo da redação para um lanche, ele chegando para uma gravação, precedido pelo fiel escudeiro Júlio, o Julinho, meu camarada dos tempos do curso de Comunicação Social da PUC. Mal tinha engatilhado um papo com o amigo e lá vinha Alceu apontando pra mim: "Liiins!" E tome de abrirem-se as comportas da proverbial e caudalosa verborragia do bardo de São Bento do Una. Alceu, cidadão honorário de Olinda, com quem cruzei pelas saudosas ladeiras em tantos carnavais.

Naqueles tempos, dos 1980 e dos 1990, por alguns anos integrei um grupo de animados foliões formado por primos queridos, amigos e agregados variados. Éramos vinte, pouco mais, pouco menos. Alugávamos uma casa para passar o tríduo momesco na Marim dos Caetés — uma espécie de apelido ou segundo nome de Olinda, uma referência aos povos indígenas que habitavam aquelas paragens quando da chegada de Duarte Coelho por lá, no século XVI. A casa ficava na rua de São Bento, via importante da cidade colonial. A poucos metros e do outro lado, caminhando em direção à prefeitura, ficava a casa de Alceu. Que já tinha visto, e acompanhava como dava, cantando e tocando violão na rua de paralelepípedos, descendo e subindo ladeira em bloco improvisado com o pessoal rumo aos Quatro Cantos. Alceu sempre dava um jeito de ter um bar com um nome de música dele funcionando durante o Carnaval.

Mas deixo as lembranças da folia para outra hora, ou não chegamos à Holanda, fio e destino desta história.

Como ia dizendo, no nosso inesperado encontro aquele dia na TV, Alceu desandou a falar, e rápido, porque o tempo era curto e porque ele fala rápido mesmo. No atropelo das palavras, lembrando um martelo agalopado, me informava que, junto com os Vanderlei, a família Lins era das poucas no Recife que tinha realmente uma origem holandesa. Explicava que a maioria daqueles que, no século XVII, fizeram a travessia atlântica com Maurício de Nassau, alemão de nascimento, era formada, na verdade, por portugueses e espanhóis. E muitos judeus, fugidos das respectivas Inquisições. "Mas os Lins e os Vanderlei, não!", bradou Alceu antes de desaparecer pela porta de vidro adentro, instado pelo meu amigo Júlio.

Fiquei com aquela informação na cabeça, sentindo algo que devia ser da ordem do orgulho. Não fazia o menor sentido, racionalmente, mas podia ter a ver com aquela sensação de exclusividade que aqui e ali afaga o ego. Ou seja, uma besteira. Mas o papo teve uma consequência relevante e nada besta, que foi a de trazer à mente a Holanda, gatilho para a lembrança de uma viagem de trabalho a Amsterdã, alguns anos antes daquele encontro, que é a razão para este capítulo existir.

Um dos locais visitados naquela viagem foi a Sinagoga Portuguesa, ou dos Portugueses, que, curiosamente até, é bem maior do que a chamada Grande Sinagoga, outra das muitas construções históricas da cidade neerlandesa, cuja comunidade judaica era bastante robusta, afluente e atuante até a Segunda Guerra Mundial. Pois naquela sinagoga, construída com o dinheiro dos portugueses ali pelo século XVI, uma sala tem as paredes cobertas dos nomes daqueles que, no tempo dos descobrimentos, das colônias e da Inquisição, acabaram sendo convertidos ao catolicismo à força, os chamados cristãos-novos.

A gente aprende em algum momento na escola que dá para saber se alguém é descendente de judeus convertidos se o sobrenome remete a árvores, normalmente frutíferas. Pereira, Oliveira e assemelhados? Todos cristãos-novos e descendentes. Sou Lins, mas também sou Pimentel, que não chega a ser Pimenteira, mas remete. E como eu intuía ou esperava, não demorou muito para encontrar, entre tantos nomes familiares naquela parede da sinagoga, o nome da família da minha mãe: Pimentel. Juntando essa lembrança com a informação de Alceu, reconstruí na cabeça um pedaço da minha história.

Os Lins, provenientes da Alemanha, foram para a Holanda. Os Pimentel, de origem judaica, saíram de Portugal e também foram para a Holanda. As duas famílias, de um jeito ou de outro, foram parar em Pernambuco. Os Lins também se espalharam por Alagoas e pela Paraíba, onde nasceu minha avó paterna, natural de Areia, terra de boas cachaças. E tudo desaguou no Recife, onde, reza a soberba regional, os rios Capibaribe e Beberibe se juntam para formar o oceano Atlântico, por onde chegou Maurício de Nassau. Por essas e outras, posso dizer, e cantar, que sou do Recife com orgulho e com saudade. Mas anunciei uma história holandesa e, qual um arremedo de Alceu, desandei a contar outras. Retomo, pois.

Um belo dia na redação, a colega e amiga Leila me pergunta se eu não gostaria de fazer um trabalho nos Países Baixos. A questão, contou, é que ela, que tem origens judaicas, havia sido contactada para se juntar a esse projeto pela Confederação Israelita do Brasil, mas, por compromissos previamente assumidos, não poderia viajar nos dias previstos para o tal trabalho. Topei, antes mesmo de saber exatamente do que se tratava. Só sabia que girava em torno de uma viagem de uma semana à Holanda. E viagem à Holanda, pelo motivo que for, não é coisa que se negue.

A coisa ficou melhor quando soube do escopo do projeto. Para marcar os 65 anos da publicação de O *diário de Anne Frank*, a Confederação Israelita do Brasil (Conib) convidou para um tour holandês professoras que trabalhavam em cada uma das cinco escolas públicas que levam o nome da adolescente judia alemã, obrigada a se esconder com a família para tentar escapar dos nazistas quando eles ocuparam a Holanda, onde morava. A ideia era refazer os passos de Anne, desde antes da guerra até o momento em que foi mandada para o campo de concentração de Bergen-Belsen, na Alemanha, onde morreria.

Foi no período em que ela esteve escondida com a família e um pequeno grupo de pessoas nos fundos da casa onde funcionava a firma tocada por um antigo sócio do pai dela, em Amsterdã, que Annelies Marie Frank escreveu o diário que, anos depois do final da guerra, viraria um best-seller mundial.

O grupo de professoras brasileiras faria uma imersão no universo holandês de Anne e, na volta, poderia falar com propriedade aos alunos sobre a origem do nome da escola, mas também sobre a Segunda Guerra, o nazismo, o Holocausto, a literatura, condição feminina e muitas coisas mais. Os responsáveis pelo projeto tomaram a iniciativa de convidar uma equipe de televisão para registrar a viagem e transformá-la num relato jornalístico.

Uma vez aceito o convite, comecei a pensar em como dar alguma relevância extra ao projeto, como transformar aquela ideia num produto jornalístico que tivesse algo a dizer, para além da história da visita. Junto com meu colega Júlio — não o mesmo da história do Alceu —, um jovem jornalista que se aventurava também na captação de imagens, pensamos em um programa especial, com uma narrativa em duas camadas paralelas e entrecruzadas. A primeira, rememorando a saga trágica daquela menina, integrante de uma família alemã, chefiada por um bem-sucedido empresário que teve um destino trágico.

Otto, pai de Anne, suportou o quanto pôde viver em Frankfurt, mas, pela segurança da mulher e das filhas, resignou-se a mudar para Amsterdã em meados da década de 1930, por causa da intensificação da perseguição aos judeus na Alemanha. A partir de 1939, com a Guerra, a situação piorou. Em 1940, os nazistas ignoraram o posicionamento neutro da Holanda no conflito e ocuparam o país. Em 1942, a família Frank foi forçada a se esconder.

A outra camada do especial que produziríamos trataria de estabelecer alguns paralelos ou pontos de interseção entre a angústia de Anne e sua família e as situações de violência no Brasil, principalmente porque nos bairros onde ficavam algumas das escolas batizadas com o nome da menina alemã, a violência era um fato cotidiano que, muitas vezes, acabava determinando a rotina de quem morava, trabalhava ou estudava nessas áreas. O que não deixou de ser realidade desde então, diga-se.

Misturando imagens feitas nessas escolas e nesses bairros do Brasil, registros dos locais que Anne e a família frequentaram, com cenas obtidas em arquivos holandeses e brasileiros, e ainda os depoimentos das professoras e de estudiosos ligados à Conib e à Fundação Anne Frank, alcançaríamos nosso objetivo, um produto jornalístico relevante, que fosse além de uma história já bastante conhecida. Logo entendemos que poderíamos acrescentar um diferencial sensacional: os depoimentos de Nanette, uma contemporânea de Anne, que desde 1953 vive no Brasil. Colega de escola, amiga dela, que estava presente quando o pai de Anne deu a ela de presente o caderno de capa grossa quadriculada em vermelho e branco, com cadeado — o primeiro dos que usaria para escrever o diário. O mesmo diário que, quando lançado em forma de livro, fez da menina judia e da história de sua tragédia um dos relatos mais contundentes sobre as tristezas e os horrores da guerra, sobre o custo da intolerância e a força da esperança.

Na época da viagem, Nanette estava com 85 anos e impressionava pela objetividade, lucidez, clareza de raciocínio e firmeza de convicções. Entre elas, a de ter assumido como missão de vida contar, sempre que solicitada, sempre que possível, as histórias daqueles tempos terríveis, do alcance da estupidez e da maldade que o homem pode produzir. Lembrar para nunca esquecer.

Em pelo menos uma ocasião, quase saiu do sério por causa da falta de memória, que com frequência leva à falta de respeito. Tínhamos saído de Amsterdã cedo para uma viagem de 170 quilômetros até um dos lugares em que Nanette esteve com Anne Frank, o campo de Westerbork. Diferente dos campos de concentração, que misturavam trabalhos forçados e a terrível indústria do extermínio, o de Westerbork era um campo de passagem. Havia sido criado pelo governo holandês ainda em 1939 para receber, naquele país que àquela altura se declarava neutro, o grande fluxo de refugiados judeus que deixavam a Alemanha fugindo das medidas cada vez mais restritivas impostas pelo governo de Adolf Hitler, chanceler federal desde 1933 e ditador a partir de 1934. Pelos planos de Hitler e dos nazistas do Partido Nacional Socialista, de extrema direita, a ditadura era, na prática, o início do Terceiro Reich, ou Terceiro Império, sendo os dois primeiros o Império Romano e o Império Germânico. Em seus devaneios doentios e assassinos, Hitler sonhava com um império que durasse mil anos. O Terceiro Reich durou meros 12 anos. Tempo suficiente para convulsionar o mundo e alimentar um conflito que causou a morte de cerca de 85 milhões de pessoas, ou 3% da população mundial da época. Entre essas vítimas, seis milhões de judeus, perseguidos, humilhados e massacrados por serem judeus. A história de Anne Frank é parte do Holocausto.

Mas voltando a Westerbork. Criado em 1939 originalmente para ser uma etapa no processo de realocação dos judeus alemães na Holanda, o campo passou por uma mudança com a ocupação nazista, a partir de 1940: judeus presos na Holanda eram concentrados ali à espera da definição sobre o destino deles, os terríveis campos de concentração nazistas na Alemanha ou na Polônia.

Quase oitenta anos depois, era difícil para um visitante se dar conta de que aquele bosque, aonde chegamos no final de uma manhã de sol, com simpáticas casinhas de madeira demarcando a entrada e algumas cercas delimitando os locais onde antes ficavam os alojamentos, tivesse um passado tão triste, tão cruel. Mas tinha, bastava visitar o museu construído no terreno, parada obrigatória de quem chegava ali, para lembrar, homenagear e aprender. Logo na chegada, notei Nanette meio tensa. Fazia sentido, era uma viagem de volta ao pesadelo. Mas era mais. Ela falou com alguns dos organizadores, depois com um funcionário do museu, e a tensão começou a virar indignação. Mesmo sem entender uma palavra de holandês, deu para perceber que o problema estava na questão do ingresso. Um funcionário tinha pedido a Nanette que apresentasse o ingresso para entrar no memorial. Não precisava ser nenhum gênio para constatar o absurdo da situação. Ex-prisioneira dos nazistas, com passagem por aquele campo, aquela senhora estava inconformada com a ideia de que alguém pensaria em cobrar para que ela entrasse num lugar onde, no fundo, preferia jamais ter estado.

Obviamente a questão foi resolvida, o funcionário de fato não tinha ideia da origem da visitante, não era culpa dele a confusão, seguia ordens. Mas fiquei com isso na cabeça. É muito comum na história que os executores das decisões mais sórdidas, como os assassinatos em massa cometidos pelos nazistas, mas também as execuções sumárias que parecem ser parte do manual prático de ditaduras do mundo inteiro, de qualquer coloração, aleguem ter apenas cumprido ordens. Não dá para comparar esse tipo de atitude com a tentativa daquele funcionário de barrar a entrada de uma ex-prisioneira no campo transformado em centro cultural, de visitação e homenagens. Mas chama a atenção a fragilidade da memória de um país, de como é necessário perpetuar a história para pelo menos tentar não repetir seus erros. Não foram necessários nem oitenta anos para que Nanette passasse da condição de vítima inocente para a de sobrevivente e guardiã da história. E nem essa posição parecia ter o devido reconhecimento, a merecida gratidão e o necessário pedido de perdão. Da Holanda, ocupada e vilipendiada? Talvez. Mas, sem dúvida, da humanidade. Foi nessa atmosfera intensa, mais do que pesada, que transcorreu a visita, encerrada com um almoço bem holandês, num prosaico hotel-fazenda perto do campo de Westerbork.

Na viagem de volta, algumas confirmações empíricas. Primeiro, do amor dos holandeses pelo futebol e da determinação em fazer durar esse amor. A quantidade de campos gramados à beira da estrada deixa qualquer um com vontade de bater uma bola. Até mesmo um lateral direito apenas voluntarioso, como eu. E, na minha cabeça ao menos, de certa forma ajuda a entender a boa qualidade do futebol holandês, que deixou o mundo boquiaberto principalmente a partir da Copa de 1974, com a Laranja Mecânica do técnico Rinus Michel e do astro Johan Cruyff. Bem verdade que aquela Holanda ficou no quase, perdendo a Copa para a Alemanha de Beckenbauer, Müller & cia. Não sem antes despachar sem cerimônia o Brasil pomposo tricampeão mundial, que pareceu confiar demais na fama. Só para fechar esse interlúdio futebolístico, na Copa seguinte, a de 1978 na Argentina, a Holanda mais uma vez chegaria à final, já sem Cruyff, mas com Neeskens, Rensenbrink e os gêmeos René e Willy van de Kerkhof. E mais uma vez voltaria para casa vice, engordando o grupo das grandes seleções que não conquistaram a Copa.

Além dos gramados perfeitos, o olhar curioso é atraído por outra característica holandesa, o amor pelas bicicletas. Salta aos olhos nas cidades, com a profusão de magrelas, bikes ou camelos, como são designadas as bicicletas pelo Brasil. Lotam as ruas, transportam famílias, executivos e turistas, ajudam a tornar o ar mais respirável. Mas no campo também estão presentes e, junto com elas, as ciclovias bem cuidadas. Que acompanham o traçado das estradas, ligam vilarejos, são usadas por esportistas correndo atrás de recordes pessoais ou de forma física, mas também por estudantes, trabalhadores, aposentados, famílias inteiras em seus deslocamentos. Na minha tabela muito pessoal de evolução civilizatória, um país que incentiva o uso da bicicleta e proporciona a necessária infraestrutura ganha muitos pontos. A Holanda está muito bem no ranking.

Ainda no trajeto em direção à capital, percebo outra característica do país: a platitude do relevo. Basta dizer que o ponto mais alto dos Países Baixos, que não têm esse nome à toa, fica a apenas 321 metros do nível do mar, no extremo sul holandês. O mais baixo situa-se a impressionantes sete metros abaixo do nível do mar, perto do porto de Roterdã, segunda maior cidade do país. Ou seja, é um país chato, no sentido de ser plano, claro. Essa condição e bons investimentos em infraestrutura fazem com que a Holanda tenha também excelentes estradas. Sem exagero. Pude comprovar quando notamos, Júlio e eu, que, pelos compromissos assumidos e pelo tempo que passava, teríamos que gravar uma entrevista no trajeto entre

Westerbork e Amsterdã. Mais precisamente dentro do ônibus. Temi pelas imagens fatalmente tremidas, mas não tinha jeito. Ajustamos o tripé da câmera e comecei a conversar com um integrante de uma organização judaica internacional que participava da viagem. O que era para ser um papo rápido de poucos minutos devido às condições adversas, graças ao asfalto holandês impecável pôde se estender bastante, sem uma imagem tremida sequer. Impressionante.

Amsterdã, aonde chegamos no final da tarde, é das cidades mais bonitas e instigantes que já visitei. A começar pela localização, que determinou muito da ocupação de seus espaços e do tipo de urbanização adotado.

O nome remete a uma represa, ou dique, Dam em holandês, sobre o rio Amstel. Essa remota obra, dizem os registros históricos, foi construída bem perto do que era, lá pelo século XIII, uma vila de pescadores. Aliás, como já pôde ser imaginado a partir do spoiler topográfico ali atrás, diques e barragens estão entre construções mais comuns da Holanda, que tem quase um terço de seu território abaixo do nível do mar. Vendo aquele país plano, banhado pelo mar do Norte, vivendo sob a constante ameaça de enchentes potencialmente catastróficas, é difícil não pensar em força e determinação, basicamente as duas características que permitem que a Holanda esteja até hoje localizada onde está. Uma população menos determinada já teria se mudado faz tempo.

De vila de pescadores às portas do litoral norte holandês a entreposto comercial, Amsterdã foi desenvolvendo suas vocações naturais e acumulando outras. O crescimento numa região pantanosa significou também a construção, ao longo do tempo, de uma intrincada rede de canais, que valeu a Amsterdã um de seus apelidos, a "Veneza do Norte". Ponto nevrálgico das rotas comerciais europeias, a cidade também foi se constituindo como um espaço cosmopolita, de trocas culturais, para além das econômicas, de circulação intensa de gente da Europa e do mundo todo. Ainda hoje qualquer passeio a pé, de bicicleta, de bonde, barco ou qualquer dos muitos meios de transporte à disposição de moradores e turistas apenas confirma que Amsterdã mantém e alimenta essas características, de cidade histórica, internacional, aberta e multicultural.

Há ainda outra entre as características mais notáveis (pois nota-se o tempo todo): a de ser uma metrópole bastante liberal e tolerante no que diz respeito aos costumes. Mas isso pode ter mais a ver com um respeito, consolidado século após século, aos direitos individuais dos seus moradores do que com aqueles em geral considerados por quem é de fora símbolos maiores de uma curiosa liberalidade, que há quem veja como libertinagem: as vitrines das profissionais do sexo no Distrito da Luz Vermelha e os *coffee shops*, cafés, onde são liberados a venda e o consumo de maconha e seu derivado haxixe, resina que concentra maior percentual do princípio ativo THC.

Conversando com alguns moradores e autoridades municipais, logo ficou claro que a permissão para que profissionais do sexo se exibam nas vitrines do bairro de De Wallen está ligada ao fato da prostituição ser legalizada na Holanda, mas não a oferta de sexo por dinheiro nas ruas. Nada de *trottoir*, palavra francesa usada tanto para "calçadas" quanto para a prática de atrair clientes nas ruas, tão comum em cidades com legislações bem menos liberais do que Amsterdã — como Bangkok, na Tailândia, onde a prostituição é proibida, mas existe uma gigantesca indústria do sexo; ou o Rio de Janeiro, onde trocar sexo por dinheiro não é proibido, mas o proxenetismo, a cafetinagem, isto é, a exploração desse serviço por terceiros, sim. Ou seja, em Amsterdã oferecer sexo na rua, não pode. Nas vitrines, sim. Além disso, dois fatores entram nessa equação holandesa: a segurança dos profissionais, que precisam ter um cadastro oficial para trabalhar, o que diminui a influência de quadrilhas internacionais de tráfico humano e exploração de menores; e o controle das condições sanitárias do exercício da chamada mais antiga profissão do mundo, só para não perder o clichê que remete à bíblica Maria Madalena — mas nem vamos enveredar por essa discussão, faltaria livro para tal.

De certa forma, as mesmas preocupações e a mesma intenção de redobrar a segurança e o controle valem para os *coffee shops*. Com licenças de operação muito específicas, que podem ser cassadas se violadas, esses estabelecimentos são proibidos de vender álcool ou permitir a presença de menores, por exemplo. Desde meados da década de 1970, quando na prática a polícia passou a fazer vista grossa e foi formulada uma legislação especial, a implementação mudou um pouco e ainda varia de cidade para cidade. A partir de 2012, por exemplo, várias câmaras municipais restringiram o acesso aos cafés a moradores locais e pessoas que vivem num raio de 150 quilômetros do *coffee shop*, para não alimentar o que ficou conhecido como turismo da maconha.

Em Amsterdã, no entanto, essa ideia não pegou. Nem por isso há registros de uma disparada de casos de violência ou crimes associados ao consumo de *Cannabis*. O pegar mais leve em relação às drogas, também leves, é defendido por políticos de todas as tendências, entre outras coisas, por ser uma forma de garantir que a polícia se concentre no combate às drogas pesadas, às quadrilhas internacionais e outros meliantes. Os *coffee shops*, sejam eles barulhentos, parte de grandes redes, com marca internacionalmente conhecida, ou operados por famílias, mais parecendo uma singela casa de chá, acabam sendo um meio de combater o tráfico ao fazer com que os estabelecimentos sejam submetidos à fiscalização oficial, inclusive em relação à procedência, à qualidade e à quantidade de *Cannabis* e haxixe oferecida aos clientes. Para quem está acostumado ao quadro de demonização, perigo e violência que o proibicionismo puro e simples acaba produzindo, beira o surreal ver, como vi, um senhor de seus setenta anos entrar num desses cafés com seu cachorro, pedir um chá e fumar um cigarro de maconha enquanto lê o jornal do dia.

É claro que o exemplo holandês não pode ser replicado em outros países, com outros contextos, outras realidades. Mas num mundo que discute cada vez mais a relação de custo e benefício, para a sociedade, da abordagem da questão das drogas, a Holanda segue sendo uma referência importante. E, afinal, se muitos países conseguem estabelecer regras claras para a venda e o consumo de álcool, cigarro e toda uma série de remédios potencialmente viciantes e que podem matar se usados de forma errada, parece óbvio que haja espaço para um debate adulto sobre a melhor e mais produtiva postura a ser adotada quando o assunto são as drogas circunstancialmente ilegais.

Cheguei a debater esse tema algumas vezes com meu companheiro de viagem, o Júlio, e também com holandeses que conheci. Não deixa de ser sintomático que a maioria dessas conversas tenha sido movida a cerveja ou genebra (*jenever* para os locais), um destilado aparentado do gim que é muito popular na Holanda, como pude constatar em algumas visitas de jornalismo antropológico e de diletante da arquitetura histórica. Afinal, alguns desses bares, não raro com serragem no chão e a característica madeira escura segurando as paredes, têm séculos de história e de histórias, sem dúvida.

Aliás, você deve ter notado que usei a expressão "segurando as paredes". Pois já que entrei no detalhamento arquitetônico das reminiscências, lembro de algo que me chamou a atenção e rendeu até material para uma crônica audiovisual. É incrível a quantidade de edifícios históricos — hoje residenciais e comerciais, muitas casas, prédios baixos, eventualmente de escritórios — da região central, aquela cortada pelos muitos canais, que parecem prestes a cair. As fachadas de alguns deles se inclinam perigosamente em direção à rua, dando a nítida impressão de que a estrutura está comprometida. Mas não está. Essas construções tortas ficaram assim por uma combinação entre o terreno pantanoso onde foram erguidas e o peso dos anos. Literalmente. Muitas delas são antigos armazéns, onde os produtos mais variados eram estocados à espera de distribuição em todos os andares. Isso fica claro quando o passante olha para cima e nota os ganchos que se projetam sobre a rua, que sustentavam as cordas e sistemas de roldanas engenhosos que permitiam que sacas pesadas fossem içadas. Largas janelas de madeira, ainda presentes, davam acesso a esses armazéns suspensos. Confesso que só fiquei tranquilo de fato, ou quase, quando um historiador com quem troquei uma ideia me garantiu que as fundações de cada um desses prédios multisseculares estão solidamente fincadas muitos metros abaixo do térreo, e que a prefeitura zela, ali também, por uma fiscalização rigorosa, para o caso de ser necessário qualquer obra de reforço estrutural.

Nenhuma dessas preocupações, no entanto, me assaltou na visita a um outro exemplo bem típico da arquitetura local, só que projetado para ser ocupado por uma figura importante naquele cenário: a residência oficial do prefeito, chamada de "The House with the Pillars", a casa dos pilares. Quando foi construída, na segunda metade do século XVII, foi para abrigar um homem ainda mais poderoso, o diretor da Companhia das Índias Ocidentais e mercador de escravos Paulus Godin. O prédio de cinco andares fica à beira do canal Herengracht — tido como o mais importante canal dessa cidade de tantos canais — e desde sempre foi ocupado pelos mais ricos e mais poderosos do país. Por isso mesmo, sem dúvida é o mais caro.

Como eu dizia, a residência oficial do prefeito foi construída para um riquíssimo mercador de escravos. Além de diretor da Companhia das Índias Ocidentais, das mais prósperas do comércio marítimo entre a Europa e o Novo Mundo, ele era também governador do Suriname, colônia holandesa cuja área é quase quatro vezes maior que a dos Países Baixos. Ou seja, não era pouca coisa, assim como não foi pouca a fortuna que ele e muitos dos vizinhos do canal de Herengracht amealharam transportando mercadorias das mais variadas e também participando do comércio mais abjeto, o de seres humanos.

Na Holanda, essa parte vergonhosa da história também é lembrada. Na calçada em frente à casa do prefeito, uma placa diz que aquele e muitos outros edifícios da rua, que datam da idade de ouro da economia holandesa, foram construídos com o dinheiro obtido do tráfico de escravos. E o texto ressalta: "Enquanto sua memória viver, eles não terão morrido em vão. A escravidão e o comércio de escravos são crimes contra a humanidade." Há alguns anos, uma estátua do pastor Martin Luther King Jr., símbolo e mártir da luta pelos direitos civis nos Estados Unidos, foi colocada em frente à residência do prefeito. Dias depois, desapareceu misteriosamente. Semanas após o sumiço, jornalistas descobriram que a estátua tinha sido levada para um jardim interno, uma mudança que nunca foi devidamente explicada. Concluí que não é porque se trata da civilizada Holanda que questões complexas como racismo e exploração estão livres das mais variadas pressões. Outros poderão tirar conclusões diferentes.

Pode soar curioso, mas arquitetura holandesa e ocupação de espaços construídos são temas que me trazem de volta à razão primeira dessa viagem, a história de Anne Frank. Então vamos à arquitetura, deixando para trás os mais vistosos e questionados exemplos dos séculos XVI e XVII para dar um salto até a Amsterdã do início de 1934.

Àquela altura, o empresário Otto Frank já havia tirado a família de Frankfurt e levado para a casa da avó materna em Aachen — que alguns poderão conhecer pelo nome francês de Aix-la-Chapelle —, perto da fronteira com a Bélgica. Porém, ele logo viu que não bastava estar longe dos grandes centros, precisava sair da Alemanha nazista. Destino escolhido: Amsterdã. Foi lá onde a família encontrou um apartamento numa região que vivia o que hoje chamamos de um boom imobiliário. Incentivada pelo governo, a ocupação produziu uma série de novos edifícios na região de Rivierenbuurt, sul da cidade, mais precisamente em Merwedeplein, um grande espaço verde cercado por prédios residenciais da escola modernista holandesa, que alguns chegam a comparar à Bauhaus alemã, mas tinha pretensões mais modestas. Realizações também. São prédios de quatro andares, linhas retas, janelas grandes de madeira branca, contrastando com as fachadas de tijolinhos.

Num duplex bem dividido em Merwedeplein, número 37, a família Frank viveu por nove anos, período este que, se não foi de absoluta tranquilidade, foi de derradeira normalidade. A família — Otto, a mulher dele, Edith, e as filhas, Margot Betti e Annelies Marie — dividia um apartamento que dava para o gramado da praça. Uma casa que não era luxuosa, mas tinha tudo que a família de um empreendedor bem-sucedido podia comprar. Banheiros bem equipados com prateleiras de mármore, aquecedores em todos os cômodos, uma cozinha ampla e iluminada. No quarto de Anne, uma escrivaninha ao lado da cama, no segundo andar, um quarto de casal amplo, com uma pia.

E como é que eu conheço os detalhes? Simples, visitei esse apartamento, com direito a uma longa palestra da Nanette, que lembrava ter festejado aniversários de Anne ali, sabia onde ela gostava de se sentar, de escrever. E tudo está muito parecido com o que era naquele 1942, quando a família Frank fugiu às pressas. Móveis, utensílios, a pintura, os papéis de parede. Tudo fruto de um minucioso trabalho de recuperação histórica, possível graças aos esforços da Fundação Anne Frank e ao apoio de uma cooperativa que trabalha com projetos inovadores de moradia para a população de baixa renda na cidade. No caso, a inovação foi devolver ao imóvel a aparência que tinha quando os Frank moravam ali. Segundo Nanette, deu certo — e ela pode atestar, conheceu aquele apartamento, tão importante na vida de Anne. Tão importante que foi o pano de fundo escolhido pela família Frank para uma foto, tirada em 1941, um ano antes de trocar aquela casa por um esconderijo. No gramado da praça onde os quatro estavam quando a foto foi tirada, foi feita, anos mais tarde, uma estátua de Anne Frank. A menina carrega uma mala em cada mão e olha para o prédio, como que se despedindo.

Ainda nesse trabalho de devolução do significado e ressignificação — para usar uma palavra em voga — de sua importância simbólica, um acordo com a Fundação Holandesa de Literatura permite que o apartamento seja ocupado por escritores perseguidos em seus países e que fugiram para a Holanda. Eles vivem ali de graça, por um período determinado, com apenas duas obrigações: abrir o imóvel para visitas eventuais de pesquisadores, historiadores ou jornalistas (como foi no nosso caso) e continuar escrevendo.

Muito mais popular e visitado do que o apartamento do número 37-2 de Merwedeplein é o local mundialmente conhecido como Casa de Anne Frank. A casa, que também é o centro de um complexo que abriga museu, biblioteca e a fundação, é o anexo do pequeno prédio comercial do número 263 da rua Prinsengracht. Foi ali que a família Frank passou a viver clandestinamente, por dois anos, a partir de 6 de julho de 1942. Na véspera, um policial tinha batido na porta do apartamento de Merwedeplein com uma convocação para Margot, que deveria se apresentar para ir a um campo de trabalhos forçados. Otto não pensou duas vezes antes de pôr em ação o plano que havia bolado junto com um sócio, para quem já até tinha transferido a propriedade da empresa, diante do aumento das restrições impostas aos judeus também na Holanda. O prédio tinha, e ainda tem, um anexo na parte de trás, que não pode ser visto da rua e com um único acesso. Esse acesso foi fechado com uma pesada estante de livros. Para além daquele limite, os Frank e mais um pequeno grupo de judeus — Albert Dussel e a família van Daan (pseudônimos que Anne criou para Fritz Pfeffer e os van Pels) — tiveram que reaprender a viver, e a conviver. O mínimo de barulho possível durante o dia, o mínimo de luz possível à noite. O máximo de atenção, o máximo de cuidado com tudo e qualquer coisa. Disso dependia simplesmente a vida de todos.

Estima-se que mais de um milhão de pessoas visitem o anexo a cada ano. Eu mesmo já havia enfrentado aquela fila como mero turista mochilando pela Europa. Mas dessa vez foi diferente. Mal tinha amanhecido quando autorizaram nossa entrada. Júlio e eu passamos pelo prédio da frente, chegamos à estante que dá para o anexo, entramos em todos os cômodos. Registramos os papéis de parede da época, as fotos de artistas coladas por Anne em algumas paredes, o banheiro acanhado. Sem perceber, em silêncio. Lembro que só fizemos o barulho absolutamente necessário, só dissemos as palavras que precisavam ser ditas. Até quando gravei alguns trechos com informações a serem inseridas na edição do especial, a voz saiu baixa. Respeito, solidariedade com a dor, tristeza, tudo junto, fato é que assim foi. Lembro de sensação parecida ao visitar celas do prédio que abrigou o famigerado DOI-Codi, em São Paulo, onde presos políticos foram torturados na covardia da ditadura implementada pelo golpe de 1964. Lugares que foram palco de sofrimento devem ter algum tipo de carga energética que os une. E precisam ser visitados para que as histórias de quem passou por ali não sejam esquecidas. Podem ser as histórias dos presos da ditadura brasileira, ou de uma família que virou, de alguma forma, símbolo do sofrimento de milhões de judeus. Lembrar para não esquecer.

Mesmo com todos os cuidados, depois de dois anos mantendo uma rigorosa rotina, a família Frank foi descoberta em seu esconderijo, em agosto de 1944, num evidente episódio de delação nunca devidamente esclarecido. Mas foram descobertos. E separados. Otto e Edith foram mandados para o campo de extermínio de Auschwitz, onde a Edith morreu. Anne e Margot, depois de passarem por Westerbork, foram mandadas para Bergen-Belsen. Na conversa que tivemos no apartamento de Merwedeplein, Nanette contou que se lembrava de ter visto Anne e a irmã Margot já no campo de concentração para onde também tinha sido levada com a família. As duas muito frágeis. Era fevereiro de 1945. Em abril, tropas britânicas libertaram o campo. Foi por pouco: Anne e Margot tinham morrido em março. Otto, o único sobrevivente da família Frank, descobriria o diário, que foi lançado como livro na Holanda em 1947, com o título O *anexo: notas do diário* — 14 *de junho de 1942* — 1.º *de agosto de 1944*. Com o lançamento da versão em inglês, em 1952, rapidamente virou um sucesso mundial, publicado em setenta idiomas e dezenas de países. No Brasil, já vendeu mais de 16 milhões de exemplares.

E Nanette? A amiga de Anne perdeu o pai ainda em 1944, em Bergen-Belsen. Em 1945, morreram seu irmão e sua mãe. Ele, depois de ser transferido para o campo de Oranienburg, na Alemanha; ela, numa viagem de trem a caminho da Suécia, após resistir ao trabalho forçado numa mina de sal. Com a libertação do campo de Bergen-Belsen, Nanette foi hospitalizada para se tratar de tifo, a mesma doença que matou Anne. Nos três anos do tratamento, ainda reencontrou Otto Frank, que lhe deu de presente o livro da filha. Quando teve alta, foi para a Inglaterra. Lá conheceu um húngaro, por quem se apaixonou e com quem casou. Em comum acordo, os dois escolheram morar no Brasil, onde ela passou a fazer palestras para conscientizar as pessoas sobre os horrores da guerra. Em 2015, Nanette lançou o livro *Eu sobrevivi ao Holocausto*, em que relata aqueles anos terríveis. Lembrando sempre, para nunca esquecer.

Eu nunca me esqueci dessas histórias, e acho que ninguém que tenha participado daquela viagem esqueceu. Finalizando este capítulo, lembro mais uma vez do exemplo de Nanette, que tive o prazer e a honra de conhecer. Lembrar para não repetir. Lembrar para nunca esquecer.

Gilgit
Kābul
Chinese Line
Indian Line
Jammu E Caxemira
Indus
CHINA
NISTÃO
Peshawar
Islamabad
Rawalpindi
Kandahār
Gujranwala
Zhob
Amritsar
Lahore
Quetta
PAQUISTÃO
Simla
Multan
Ludhiana
Chandigarh
Bahawalpur
Sutlej
Yarlung
Delhi
New Delhi
Sukkur
Bareilly
NEPAL
Larkana
Indus
Ganges
Ghaghara
Dadu
Yamuna
Jaipur
Lucknow
Gorakhpur
Jodhpur
Kathmandu
Chambal
Kanpur
Hyderabad
Gwalior
Kota
Ganges
Patna
Udaipur
Varanasi (Banaras)
Gandhinagar
Ahmadabad
Bhopal
Jabalpur
Indore
Kolkata (Calcutta)
Jamshedpur
Vadodara
Rajkot
Raurkela
Narmada
Kharagpur
Mahanadi
Surat
Nagpur
Raipur
Cuttack
Daman
Silvassa
ÍNDIA
Bhubaneswar
Kalyan
Mumbai (Bombay)
Pune
Godavari
Hyderabad
Vishakhapatnam
Kolhapur
Vijayawada
Kakinada
Belgaum
Guntur
Machilipatnam
Panaji
Bangalore
Chennai (Madras)
Mangalore
Mysore
Vellore
Pondicher
Salem
Lakshadweep (ÍNDIA)
Kavaratti
Madurai
Cochin
MALDIVAS
Ilhas

INCENSO E TECNOLOGIA DA INFORMAÇÃO

Se quiser fazer um teste, vale a pena. O livro espera. Se você não tiver uma caixinha de incenso em casa, passe numa banca, numa loja de produtos esotéricos, encomende pela internet, compre em qualquer lugar, físico ou não, que venda incensos no Brasil. Pegue a caixinha, não importa o aroma, não importa o idioma da embalagem. Agora dê uma olhada atrás, nas informações sobre a origem. Se não for um incenso artesanal feito por alguma comunidade alternativa no Brasil, aposto que na descrição do endereço do fabricante você vai encontrar "Bangalore, Índia". Quer dizer, pode estar escrito Bengaluru, que é a grafia oficialmente adotada há alguns anos, ou ainda Bangalor, se a embalagem estiver propriamente escrita em português. Pessoalmente, gosto mais de Bangalore e peço licença para assim chamar esta que é, entre outras coisas, a capital indiana do incenso e um dos principais centros produtores das varetas aromáticas do mundo, como pude comprovar *in loco*. Este foi um dos motivos, aliás, que fez com que a capital do estado de Karnataka entrasse no roteiro da viagem que eu, a produtora Aline e o repórter cinematográfico Calixto faríamos pela Índia para colher material para uma série de programas especiais sobre os Brics.

Aqui cabe uma explicação adicional, que tentarei não deixar cair na chatice enciclopédica. Brics, para quem não lembra ou nunca soube, é a junção das primeiras letras de Brasil, Rússia, Índia, China e África do Sul (South Africa, na grafia em inglês, daí o "S"). Um grupo de países bem diferentes entre si, mas que em dado momento chegaram a ser chamados de "os grandes emergentes". Sei, é até covardia a China, que disputa a posição de maior economia mundial com os Estados Unidos, estar na companhia da modesta África do Sul, da Rússia — gigante em extensão territorial, mas infinitamente menor e menos importante quando o assunto é economia — e do Brasil, esta incógnita, este país em eterna construção, sempre em busca de fazer valer seu evidente potencial. A participação da Índia no grupo é até mais compreensível. O país tem uma população de quase 1,4 bilhão de pessoas, só menor que a da China. Consolidou-se nas últimas décadas como potência industrial, inclusive na área da tecnologia. Até a pandemia de 2020, apresentava índices de crescimento robustos e, no campo das possibilidades reais, pode fazer muito mais. Claro que precisa enfrentar com mais determinação as profundas desigualdades sociais que marcam o país, que ainda luta contra a persistência de uma divisão social por castas e onde as origens com excessiva frequência determinam a trajetória de vida de um indivíduo e suas possibilidades. Convenhamos que isso não chega a ser muito diferente do que acontece em muitos países onde a desigualdade social e a extrema pobreza jogam contra a ideia de uma mobilidade social fluida e natural — que o diga a imensa maioria dos brasileiros —, mas, na Índia, essa situação remete a um antigo sistema de tradições e normas largamente adotado por muito tempo e, mesmo havendo leis penalizando quem insiste em adotar o conceito de casta como critério, esse peso ainda é sentido em muitas partes do país.

Mas eu falava dos Brics. Retomo. O acrônimo, que é essa junção de letras numa sigla, foi criado lá em 2001 e usado pela primeira vez num relatório assinado por Dominic Wilson e Roopa Purushothaman, membros da equipe do economista Jim O'Neill, do banco de investimentos Goldman Sachs. Inicialmente, usava-se apenas Bric, mas em 2010 a África do Sul passou a fazer parte dessa espécie de clube de nações amigas. A ideia por trás das letras era juntar num mesmo grupo países de grande potencial que pareciam, àquela altura, capazes de ditar os rumos da economia do mundo, ou ao menos de influenciá-los fortemente num futuro próximo.

Bom, esse futuro próximo chegou e não foi exatamente o que aconteceu, sabemos. Mas prefiro não falar de fracasso ou mesmo oportunidade desperdiçada. Afinal, de uma sigla num relatório para investidores, os Brics se tornaram mesmo um grupo de cooperação, ou pelo menos de discussões sobre cooperação, a partir de um encontro entre os líderes dos quatro países originais, em 2006, em Nova York, aproveitando que todos estavam na cidade para a reunião da Assembleia Geral da ONU. Foi estabelecido um cronograma de reuniões de cúpula periódicas, com a presença de seus chefes de governo, mas foram também iniciados, ou intensificados, os contatos entre equipes ministeriais, representantes de suas indústrias, corpos diplomáticos e muitos outros. Além disso, foi constituído um banco de desenvolvimento, com sede em Xangai, voltado para projetos de infraestrutura e financiado pelos seus integrantes. Protocolos de intenção foram assinados em várias áreas, programas de cooperação desenvolvidos, mas, fato é que esse clube de amigos nunca se consolidou, por exemplo, como um bloco econômico ou mesmo político. A impressão é de que, com o tempo, a força simbólica superou a viabilidade prática, e mesmo com os encontros ainda acontecendo, com iniciativas sendo discutidas, na real, os Brics seguem sendo uma ideia interessante mas complexa, que, se realizada, poderia alterar significativamente as relações entre seus integrantes, as trocas de todo tipo, criando novas perspectivas e possibilidades, e redesenhando até a divisão de poder no mundo. Hoje, ainda se parece muito mais com uma ideia do que com qualquer outra coisa.

    Bangalore, não. A cidade pode ser vista como uma ideia muitas vezes realizada ao longo da história. A qualidade dessa realização é que pode ser discutida. Na segunda metade do século XVI, naquela região do sul da Índia, quando ainda era um emaranhado de reinos, foi construída uma primeira fortificação, de onde surgiu um embrião de cidade. No começo do século XIX, os britânicos fixaram ali sua primeira base militar, quase cinquenta anos antes da oficialização da Índia (incluindo os territórios que hoje conhecemos como Paquistão, Bangladesh) como parte integrante do Império Britânico, aquele onde o sol nunca se punha. Em 1902, talvez numa antecipação do que estava por vir quase um século depois, Bangalore foi a primeira cidade indiana a ter eletricidade e, logo, a primeira a ter iluminação elétrica nas ruas.

    Poucos anos depois, nasceu ali o Instituto de Ciências da Índia, outro indício da vocação local. Daí para a criação de uma estação de TV, de jornais importantes, universidade, ligação aérea com o restante do país até o estabelecimento dos chamados parques de tecnologia de software da Índia, em 1991, foi um pulo. Obviamente, como em muitas situações, esse processo de intenso desenvolvimento não foi sem percalços, sendo talvez o maior deles os tumultuados dias que levaram à independência, em 1947. E, outra característica local, não obedeceu a um planejamento muito detalhado, não. Daí talvez o fato de Bangalore, que é a terceira maior cidade do país — atrás apenas de Mumbai, a antiga Bombaim (sim, com o novo nome dessa eu já me acostumei), e Nova Delhi —, ser também das mais poluídas e das que têm os maiores problemas em garantir serviços básicos à vasta maioria de sua população. Em menos de um século, portanto, a imagem e a realidade de Bangalore mudaram radicalmente.

    Pelo clima ameno, pelo grande número de lagos e lagoas, muitas delas construídas pelo homem para facilitar o abastecimento, e pelas vastas extensões verdes, a cidade foi por muito tempo um destino de férias e local de predileção de muitos aposentados para viver anos de sossego, sombra e água fresca. Mas é difícil se lembrar disso quando se está, como é muito comum, preso nos engarrafamentos constantes e barulhentos, em meio à poeira que atrapalha a visão e aos edifícios de fachadas espelhadas de muitos dos gigantes da indústria da tecnologia da informação que escolheram o local para se estabelecer, com os devidos incentivos fiscais e tributários do governo, claro.

Estimativas recentes indicam que o setor é responsável por cerca de 8% do PIB indiano e emprega mais de três milhões de pessoas, parte importante desse total na área de Bangalore. Daí ser tão comum quanto impressionante para um visitante passar pelas sedes locais de empresas conhecidas mundialmente, como Google, Infosys, HP e Wipro, várias delas conectadas a instituições de ensino locais, que acabam formando mão de obra para o setor. É notável também encontrar ali uma marca que qualquer estrangeiro que descubra a Índia vai ver em muitos setores, a Tata. No caso de Bangalore, na sua tradução do setor de TI, a Tata Consultancy Services (TCS).

Esse exemplo de indústria local competindo com gigantes internacionais vale a pena ser citado, pois ajuda a entender um pouco o processo de industrialização indiano, que só começou de fato depois da independência. Ou seja, enquanto os britânicos dominaram o país e seus hoje vizinhos, não havia praticamente indústria alguma na Índia. O extrativismo e a agricultura movimentavam a economia, limitados pelas decisões dos colonizadores e controlados por lideranças regionais que também deviam obediência aos britânicos. O que torna ainda mais notável a visão e a determinação de Jamsetji Tata, que ainda no final do século XIX criou a empresa que leva o nome da família. Inicialmente trabalhando com algodão, a Tata logo passou a se envolver com mineração, comércio internacional, siderurgia, produção de energia, indústria química, de cosméticos, automobilística. Mais recentemente, a expansão do grupo levou à aquisição de marcas notoriamente inglesas, como Jaguar e Land Rover. Com um certo exagero e para de terminar essa explicação numa nota leve, é quase como se a Índia tivesse trocado, de certa forma, o Império Britânico por outro império, o Tata.

Voltando a Bangalore, lembro de ter tido ali a mesma sensação de outros lugares da Índia naquela curta viagem, da mistura entre escassez e excesso sendo a tônica da paisagem e da realidade à nossa volta. Escassez das condições mais básicas de vida para grande parte da população, que sofre com a falta de saneamento, de moradia, de infraestrutura de saúde e de transporte. A cada parada num sinal de trânsito, cada caminhada pelas ruas de comércio, cada fim de expediente, eu não deixava de me surpreender com a quantidade de gente que via sob os viadutos, pedindo esmola, vagando a esmo. Ao mesmo tempo, essas imagens se intercalavam com as do excesso. Do luxo do impressionante edifício do parlamento regional, das fachadas espelhadas e formas futuristas dos centros de pesquisa das grandes empresas de tecnologia, dos condomínios fechados com suas casas sem muro, que remetiam a subúrbios afluentes dos Estados Unidos, com seus gramados impecáveis e executivos se exercitando e correndo em meio às palmeiras. Um contraste absurdo. Você pode estar pensando que no Brasil é a mesma coisa — temos também esse gigantesco abismo entre os poucos que mais têm e os muitos que têm muito pouco —, e há, de fato, várias semelhanças, inclusive visuais. Mas não podemos nos esquecer de que a Índia tem mais de um bilhão de habitantes, e tudo numa grande cidade indiana, se comparada, por exemplo, a uma grande cidade brasileira, parece estar elevado à décima potência. Se em São Paulo, Rio ou Recife passamos por um viaduto e vemos algumas famílias em seus barracos precários, numa grande cidade indiana provavelmente são dezenas, se não centenas, de pessoas vivendo nessas condições. Se num sinal de trânsito artistas e vendedores de rua tentam chamar a atenção por alguns trocados, na Índia é comum ver grupos inteiros, de adultos e crianças, vendendo, pedindo. É parecido, mas muito mais intenso.

Ao mesmo tempo, seria irresponsável achar que dá para definir a Índia em poucas palavras, depois de poucos dias de uma viagem, por mais marcante que ela tenha sido. Entender um país com tamanha complexidade, com histórias sobrepostas, dezenas de línguas, culturas entrelaçadas e uma religiosidade que se manifesta intensamente em cores, sons, formas e cheiros a cada esquina. O que não dá é para ficar indiferente ao mergulhar nesse universo riquíssimo, mesmo que superficialmente, como foi meu caso.

Tentava armazenar no meu HD mental cada uma das imagens que via passando no trajeto até a fábrica de incenso onde gravaríamos o processo de produção e teríamos a chance de conversar com trabalhadores e empresários desse setor. Sim, como eu disse lá no começo, Bangalore concentra boa parte da indústria de incenso da Índia, que tem mais de dez mil fábricas do produto. Ou seja, Bangalore concentra também boa parte da produção mundial dessas varetas de bambu envoltas numa resina, que por sua vez é recoberta de uma mistura de pó de carvão e serragem, e que ganha seu cheiro forte graças a essências naturais, extraídas da resina de árvores e plantas, ou, mais comumente hoje em dia, artificiais, produzidas pela indústria química.

A palavra mais comum para designar o incenso na Índia é *agarbatti*, formada pela mistura de duas outras palavras do sânscrito: *agar*, que quer dizer "aroma", e *vatti*, que pode ser traduzido como "ferida", "luto" ou "dor" — uma das tantas coisas que descobri nas pesquisas que antecederam a viagem. Ou seja, dá para fazer algumas traduções livres, algo como "aroma da dor", "dor perfumada", "fragrância de luto", quando lembramos do uso tão comum do incenso em cerimônias religiosas, notadamente nas homenagens aos mortos. E esse esfumaçado com cheiro é encontrado em praticamente todas as grandes religiões, e certamente nas menores também. Está lá muito presente no budismo, nos primórdios do judaísmo e em diversas vertentes do cristianismo. Aliás, não custa lembrar que incenso foi um dos presentes levados por um dos três reis magos quando do nascimento daquele que, diz a tradição cristã, foi anunciado pela estrela-guia de Belém. Para quem não se lembra, segundo a Bíblia, os outros presentes foram mirra e ouro. Mirra é uma planta aromática e com poderes curativos nativa do nordeste da África, mas encontrada também em algumas regiões do Oriente Médio, inclusive na chamada Terra Santa e, sim, na Índia, onde até hoje é utilizada na fabricação de... incenso. E talvez seja no hinduísmo que o uso do incenso é mais constante e disseminado. Difícil uma cerimônia, um ritual, um templo onde a atmosfera não seja impregnada pelo cheiro, não raro adocicado, mas também amadeirado ou floral, dependendo da composição da massala que perfuma o *agarbatti*. Descomplicando: massala, assim como curry, não é um tempero — como muitos ocidentais costumam pensar ao pedir um saboroso e avermelhado *Chicken Tikka Masala*, por exemplo. Trata-se de uma mistura de temperos, ou, no caso, de fragrâncias. E *agarbatti*, que já mencionei ali atrás, é o nome indiano para incenso.

Na tradição do hinduísmo, o uso do incenso tem a ver sobretudo com suas propriedades calmantes. A lógica é que uma mente calma relaxa também o espírito e facilita a conexão com outros planos, para além deste nosso. Essa passagem momentânea, acreditam, se dá em boa medida pelo olfato, mas também pelo olhar, aguçado pela fumaça e pelo calor da brasa que queima.

Quando visitamos, a equipe e eu, uma das dezenas de fábricas de incenso de Bangalore, o cheiro forte só fazia aumentar à medida que nos aproximávamos do pequeno prédio num bairro industrial da cidade. Lá dentro, na parte administrativa, varetas de incenso queimavam em várias salas, da recepção ao escritório do dono e à sala da herdeira daquele pequeno império de aromas. Na parte do complexo em que os incensos eram fabricados e empacotados, não vi fumaça, mas o cheiro estava lá o tempo todo. Do trabalho de algumas senhoras, que repetiam, mais para os visitantes, logo entendi, o método artesanal de pegar a vareta de bambu, passá-la na resina e daí no pó com sua mistura de odores, até o setor das máquinas, onde se dava o grosso da produção e centenas de varetas de incenso eram molhadas ao mesmo tempo nos tanques de fragrâncias e postas para secar.

O cheiro de incenso só era um pouco mais suave no arejado refeitório da direção, no quinto e último andar do prédio, onde fomos gentilmente convidados a almoçar, e mais do que prontamente aceitamos, pois já se fazia hora. E fizemos bem. Das quentinhas enfileiradas na grande mesa saíram um sem-número de iguarias, a maioria vegetarianas, muito saborosas. Um ensopado de batata com espinafre, que pode até soar bobo assim descrito, mas com o tempero local explodia em sabores na boca. O *dosa* com curry esverdeado, uma espécie de panqueca, no caso de legumes, fina e com uma capinha crocante, digna dos muitos deuses do panteão hinduísta. Os pães achatados *naan* e *chapati*, recém-saídos do forno tandur de um restaurante das redondezas, que preparara aquela refeição para os convidados brasileiros, mas que, segundo me informei, tinha um contrato de fornecimento diário, com ou sem visita. E só para fechar o relato dessa refeição, preciso citar um curry de frango à moda de Bangalore, do qual, sim, fui atrás da receita: temperado com alho, açafrão, cominho, coentro, leite de coco e dois tipos de pimenta. Mais uma vez, divino.

Por falar em pimenta, fiquei pensando no que seria um concurso para ver quem come os pratos mais apimentados, se os mexicanos ou os indianos. Tendo a acreditar que na Índia, quando um prato tem pimenta, é difícil de superar. Nem o mais quente acarajé de Salvador chega perto. Tampouco a cozinha chinesa de Sichuan, famosa por abusar das vermelhinhas. Pimenta é coisa das Índias, como sabiam os exploradores e mercadores lá do século XVI. Para contrabalançar a força potencialmente incendiária da pimenta, sempre ouvi que o leite funcionava. Nunca levei muita fé. Até essa visita à Índia, em que não foram poucas as vezes em que me vi pedindo um *lassi* para rebater alguma refeição mais picante. *Lassi* é um iogurte batido, bem líquido, que pode ser salgado ou doce. Servido gelado, misturado a frutas ou especiarias, é um oásis de frescor e sabor que, na minha opinião, mereceria ser consumido em larga escala, para além do subcontinente indiano.

A última etapa da visita à fábrica de incensos consistia em acompanhar o empacotamento das caixinhas, juntadas em fardos, embalados em grandes caixas, que saíam dali prontas para a venda. Para o gigantesco mercado interno ou para exportação. Nesse caso, especialmente para os Estados Unidos, mas muito também para a China e, sim, para o Brasil.

Mais alguns aspectos que ajudam a entender o quebra-cabeça da sociedade indiana chamaram a minha atenção naquela visita. Primeiro, a grande quantidade de mulheres na linha de produção. Um gerente e a própria filha do dono da fábrica, a executiva mais importante, confirmaram que essa é uma marca da indústria. Tanto nas pequenas empresas rurais, onde mulheres fazem um extra produzindo e embalando incensos em casa, quanto numa fábrica como aquela, pela qualidade e o cuidado do serviço, que pode demandar alguma delicadeza, notadamente na parcela da produção que ainda é feita manualmente. Outro dado interessante era a grande quantidade de trabalhadores muçulmanos na fábrica. Como soube disso? Simplesmente porque, no meio de uma das etapas do passeio, todos aqueles que professavam a fé de Maomé pararam para orar, obedecendo ao que mandam as escrituras. Nos países árabes, as orações são chamadas de *salah*; na Índia, de *namaz*. E foi uma das cinco *namaz* que vimos ser rezada. Não deixou de ser curioso notar como o gerente baixou o tom de voz para falar dos trabalhadores que se prostravam em direção a Meca. Logo me lembrei do livro que atraiu minha atenção para a Índia e sua rica história. Foi *Esta noite a liberdade*, dos jornalistas Dominique Lapierre e Larry Collins.

Lançado em 1975, o livro foi publicado pela primeira vez no Brasil um ano depois, e devo ter lido quando tinha uns 14 anos, ou seja, no início da década de 1980. Trata da dolorosa saga que levou à independência da Índia, em 1947, e apresenta personagens tão ricos quanto controversos, como lord Mountbatten, o último vice-rei britânico, Jawaharlal Nehru, o primeiro e mais longevo primeiro-ministro indiano, e, claro, Mahatma Gandhi, venerado líder do movimento pela independência, fervoroso adepto da não violência, assassinado menos de um ano depois por um ultranacionalista hindu, que achava que Gandhi tinha sido muito generoso nas conversações que levaram à partilha da Índia em meio àquele processo.

Sim, mencionei no início deste capítulo que a Índia, que pertencia ao Império Britânico, englobava ainda os territórios que hoje são os soberanos Paquistão, a oeste, e Bangladesh (antigo Paquistão Oriental), a leste. Eram regiões das províncias de Punjab e Bengala que foram se constituindo como de maioria muçulmana desde a chegada dos adeptos do Islã, ainda no século VII, e que, após difíceis negociações, foram determinadas como os futuros lares nacionais dos indianos seguidores de Maomé depois da independência. Gandhi inclusive era contra essa partilha, preferia uma Índia unida e forte, com hinduístas, muçulmanos, sikhs e seguidores de outras religiões vivendo num mesmo país independente. Foi voto vencido.

A pergunta lógica a se fazer quando se sabe disso é se todos os indianos muçulmanos viviam nas regiões destinadas a eles pela partilha. A resposta é "claro que não". Resultado: milhões de muçulmanos que viviam nas regiões mais centrais precisaram se mudar, para o leste ou para o oeste; e milhões de hinduístas que viviam nos futuros estados independentes precisaram fazer o mesmo, em sentido contrário. Num período de ânimos inflamados, com os fanáticos de parte a parte ganhando espaço, não foram poucas as escaramuças e emboscadas a trens que transportavam famílias de um lado para o outro. Até hoje não se sabe quantos exatamente morreram nessa onda de insensatez. As estimativas variam de duzentos mil a dois milhões. E o mundo viu ainda o assassinato de Gandhi por um ultranacionalista indiano. Décadas depois, em 1995, um fanático judeu de extrema-direita matou, também a tiros, o então primeiro-ministro de Israel, Yitzhak Rabin. Por trás do gesto, as críticas dos ultranacionalistas às negociações de paz com os palestinos. Na Índia, a divisão do país em três pouco apaziguou. O país tem seu maior rival no vizinho Paquistão, sendo que os dois desenvolveram bombas atômicas. E Bangladesh é hoje um dos países mais pobres do mundo. No Oriente Médio, desde o assassinato de Rabin, nunca mais houve uma negociação de paz como aquela que levou aos chamados acordos de Oslo. As conversações entre judeus e palestinos estão empacadas há anos, e os setores mais radicais de cada lado parecem ser, ainda hoje, os mais fortes. A paz? Bom, essa permanece um sonho.

Depois desse passeio pela história, voltemos a Bangalore. Horas depois daquela profusão de cores e aromas, rumo à última entrevista do dia, me dei conta de que, apesar de já termos deixado a fábrica de incenso, o cheiro intenso da massala e, àquela altura, já um pouco enjoativo, seguia impregnado nas minhas roupas, no cabelo, em tudo. Eu me lembraria disso de novo na volta ao Brasil, ao abrir a mala onde levava, entre outras lembranças, alguns pacotes das varetas aromáticas. Todas as roupas tinham o mesmo cheiro.

Naquela cidade um tanto bipolar, o compromisso mais óbvio depois de uma visita a uma indústria tradicional e antiga como a de incenso era uma visita a um dos centros de pesquisas de um dos gigantes da TI na Índia. Depois de uma eternidade em um trajeto que cruzava engarrafamentos barulhentos e estradas empoeiradas, chegamos a um dos muitos edifícios de fachadas espelhadas, que estão entre os cartões-postais de gosto duvidoso da cidade.

Passado o rigoroso protocolo de segurança, uma constante na Índia — onde o medo de atentados, mas também de espionagem comercial, é grande —, rapidamente estávamos num carrinho de golfe a caminho do que poderia ser descrito como a Índia do amanhã, um país marcado pelo desenvolvimento da mais moderna tecnologia, do mais frutífero empreendedorismo, do avanço das mulheres no mercado de trabalho, da recompensa pela criatividade de sua população, de infindas possibilidades. Um país que convive lado a lado, junto e misturado, com a Índia de anteontem, onde falta o mínimo, onde as mulheres são exploradas, as castas ainda são uma realidade, a mobilidade social é um desafio, e o futuro parece não chegar nunca. Contrastes que lembram bastante os que temos no Brasil, ainda que, como já disse, na Índia cada uma dessas características seja multiplicada por muito.

Sala após sala daquela empresa fervilhava com o trabalho dos jovens engenheiros e profissionais de várias áreas da indústria de ponta. Era a materialização, diante dos meus olhos, dos números que indicavam, e seguem indicando, que a Índia, com pouco mais de um sétimo da população mundial, responde por um quarto do total de engenheiros e profissionais de tecnologia do planeta. Sim, uma parcela maior do que a da China, da União Europeia ou dos Estados Unidos. Estavam ali os números da produção de softwares daquela empresa e os indicadores apresentados pelo departamento de pesquisa e desenvolvimento que pareciam confirmar o crescimento inevitável e sem freios à vista. E nas entrevistas gravadas ali, transbordavam o otimismo com o que estava por vir, com um mercado em franca expansão, com a engenhosidade local dando frutos, a capacidade de entregar o que o consumidor quer, o desenvolvimento de novas relações de trabalho, as possibilidades de crescimento individual, um mundo de prédios de linhas modernas, refrigerado por um sistema central de ar-condicionado, povoado por histórias de sucesso, pela exportação de mão de obra altamente qualificada, pela realização de serviços de qualidade para contratantes do Ocidente e mais, muito mais... Mas bastou sair do ambiente climatizado e voltar à estrada empoeirada para lembrar que entre a Índia de anteontem e a Índia do amanhã existe a Índia de hoje, daquele "hoje" de alguns anos atrás, que não é tão diferente do da realidade atual. Onde o nacionalismo ainda fala mais alto, as diferenças com o Paquistão estão longe de ser resolvidas, as desigualdades sociais seguem profundas e os desafios, enormes.

Mas isso é conclusão para daqui a pouco. Antes, ainda preciso registrar algumas impressões colhidas em outra cidade indiana, Mumbai, que você pode ter conhecido, lido ou ouvido falar com outro nome: Bombaim. Mesmo correndo o risco de ser criticado, dessa vez vou assumir a nova grafia. Ainda tenho dificuldades com Beijing, que insisto em chamar de Pequim. Não me acostumei tampouco com eSwatini, a antiga Suazilândia, mas, assim como chamo a antiga Birmânia de Mianmar há algum tempo, não tive maiores dificuldades de passar a chamar Bombaim de Mumbai.

Capital financeira da Índia, Mumbai é também tida como a mais importante cidade do país. Mais populosa, não, mesmo com seus mais de vinte milhões de habitantes na área metropolitana, já que a região comumente denominada de Grande Déli comporta mais de 23 milhões de pessoas. De toda forma, Mumbai é gigante. Não é exagero, tão gigante que a cidade portuária, constituída originalmente por sete ilhas na costa oeste do país, está se expandindo para o município vizinho. Nova Mumbai é vendida como a maior cidade planejada do mundo na atualidade, desde que começaram as primeiras construções em 1971. A propaganda parece ter pegado tão bem que a minha reserva de hotel era para um estabelecimento que ficava exatamente nesta área. Pode até ser que Navi Mumbai se confirme um sucesso urbanístico e comercial, mas, em meados da segunda década do século XXI, quando lá estive, ainda parecia uma pouco acolhedora interseção entre a Índia rural e a Índia industrial, com alguns enclaves de hotelaria ocidental, como aquele estabelecimento asséptico e anódino, igual a tantos da mesma cadeia francesa espalhados pelo mundo, onde deixei minha mala para uma caminhada de reconhecimento das redondezas. Logo as primeiras impressões se confirmaram.

Na larga e empoeirada avenida onde se destacava o prédio modernoso e sem personalidade do hotel, misturavam-se fábricas, pequenas e médias, concessionárias de automóveis e tratores, além de algum comércio de rua. Do outro lado da avenida, uma linha férrea bastante movimentada. A primeira providência ao voltar para o ambiente refrigerado e impessoal do hotel foi pedir que fôssemos realocados numa outra filial, da mesma cadeia, numa região mais central. Podia ser mais barulhenta, tumultuada, confusa, poluída, mas seria sem dúvida também mais viva e humana e, insisti com a moça responsável pela reserva, precisava ser mais central. Na manhã seguinte, adentrava num prédio igualzinho, num quarto que parecia o mesmo, com os mesmos móveis e o mesmo cheiro, a mesma bossa-nova edulcorada tocando no elevador, e tudo isso a menos de dez minutos do aeroporto, que por sua vez tem uma localização bem mais central do que Navi Mumbai, onde, aliás, deve ficar o novo aeroporto da região. Aí talvez vá fazer sentido se hospedar por lá.

Tinha alguns objetivos claros ao chegar à cidade, entre eles entrevistar um economista sobre as perspectivas do país, parcerias a consolidar, desafios para sanar os passivos históricos, questões culturais que afetavam o desenvolvimento e por aí iríamos. Também queria conhecer de perto um lugar que tinha me impressionado bastante num filme, a favela de Dharavi. O filme é *Quem quer ser um milionário?*, de 2008, um sucesso mundial do diretor britânico Danny Boyle. Narrava as desventuras de um jovem indiano, de inteligência e memória prodigiosas, campeão contestado de um daqueles programas de TV de perguntas e respostas que dão prêmios, eventualmente milionários, a quem demonstrar, ao vivo, grandes doses de conhecimento, que mistura questões enciclopédicas à sabedoria popular, com pitadas de revista de fofocas e noticiário musical. Um dos atrativos da história que se comprovou universal é o fato de o protagonista ter crescido naquela que é a maior comunidade desassistida dos mínimos serviços essenciais da cidade de Mumbai, Dharavi, com seus mais de 650 mil moradores disputando um espacinho para viver em menos de três quilômetros quadrados.

Os números não mentem, como pude comprovar *in loco*. Dharavi é tudo isso e mais. Mais uma vez, não pude deixar de lembrar da situação de milhões de brasileiros que vivem em condições semelhantes. Mais uma vez, concluí que, na Índia, o problema da desigualdade é exponencialmente maior. Nas poucas horas que circulamos por Dharavi, vi imagens tristes, de uma pobreza desumana. Vi dezenas de homens indo fazer suas necessidades num matagal, com uma caneca de água numa das mãos, que logo entendi — e o nosso motorista confirmou — ser para a higiene. Vi também templos hindus misturados a igrejas de várias denominações cristãs, vi um fervilhante mercado de alimentos, com suas barraquinhas sons e cheiros. Vi gente de todo jeito, trabalhadores de toda sorte, estudantes voltando da escola, mulheres cobertas dos pés à cabeça em trajes escuros, outras com pinturas de henna nas mãos, em saris de cores esfuziantes. Vi frutas das quais não sabia o nome, pratos que não decifrava a composição, vacas andando no meio da multidão. Sim, a sacralidade do bovino é real, mas nem por isso vi vacas merecendo tratamentos muito especiais além do de não serem importunadas em seu andar vagaroso onde quer que estivessem. Vi algumas das locações onde foi filmado *Quem quer ser um milionário?*

e, na saída da favela, vi talvez a cena mais impressionante em meio a tantas cenas impressionantes.

Numa das ruas principais, dezenas de lojinhas, lado a lado, vendiam... ouro. Colares, brincos, pulseiras, adereços para o nariz, para os dedos dos pés, para noivas, noivos, aniversariantes, demonstrações de afeto, amor e, sim, da riqueza de um povo mais do que teimoso, decidido, trabalhador e perseverante. Ouro na favela... eu pensava nisso quando o motorista, um hindu, apontou para uma parte da favela que parecia ser mais pobre e desorganizada do que as outras, e disse, com um certo desdém no gesto e na voz: "Ali vivem os muçulmanos." E mais uma vez fui transportado para a história da divisão da Índia, dos deslocamentos forçados, do assassinato de Gandhi e pude ver como as diferenças internas ainda são enormes. Isso mesmo ciente de que a Índia é o terceiro país com a maior comunidade muçulmana no mundo, perdendo apenas para a Indonésia e o Paquistão.

Na Índia, o Islã é seguido por cerca de 15% da população, ou seja, é a segunda maior religião no país. Suas marcas podem ser vistas não apenas na sociedade, como também na arquitetura, com a herança mogol, as muitas universidades importantes etc. Mas, naquele momento, as feridas seguiam abertas e, entre os muitos obstáculos a superar na Índia, estava a animosidade que marca, mais profundamente desde o século passado, as relações entre duas comunidades constituintes do país, a dos hindus, grande maioria da população, e a dos muçulmanos.

Mesmo com todas as particularidades e diferenças inscritas na sociedade indiana, alguns símbolos parecem estar acima de questionamentos e disputas. Um deles, o fenômeno popular dos musicais produzidos em Bollywood. Por sinal, o nome que designa a região de Mumbai que concentra o grosso da produção cinematográfica indiana — mas que, no final das contas, para muita gente engloba todo o cinema produzido na Índia — nasce da junção, jocosa mas realista, dos nomes Bombaim e Hollywood. Afinal, foi também na capital econômica do país que se desenvolveu essa portentosa indústria.

Numa conversa com uma pesquisadora do setor, ela me contou que na década de 1930 eram produzidos mais de duzentos filmes por ano nos estúdios indianos. Isso ainda sob o jugo imperial britânico e com uma série de limitações. A partir da década de 1950, a indústria foi ganhando força e estatura. Nos anos 2000, se consolidou como a mais profícua do mundo, batendo ano a ano a casa de mais de 1,5 mil filmes produzidos, eventualmente chegando a quase dois mil, a grande maioria musicais, com uma mistura de enredos românticos e de ação, mulheres voluptuosas, vilões maus, heróis viris e uma sucessão de cenas coreografadas, que contribuem decisivamente também para a construção de ídolos da indústria musical.

Nos últimos anos, aumentaram as queixas contra o papel subalterno das mulheres em muitos filmes e contra o fato de que muitos enredos, pelo seu maniqueísmo, contribuíram para reforçar preconceitos. A indústria parece ter ouvido as queixas, pelo menos em parte. Ao mesmo tempo, o recrudescimento dos sentimentos nacionalistas na população, um fenômeno que domina a cena política, acaba realimentando narrativas menos inclusivas, e Bollywood parece ter dificuldades de ampliar seu foco. Como as bilheterias (pré-pandemia, claro) não davam sinais de queda, seria muito difícil afirmar que a produção cinematográfica da Índia está entrando numa nova era.

E olha que a Índia tem uma certa tradição de portais de passagem entre eras, digamos assim. Basta ver os *gates* de Varanasi, à beira do sagrado Ganges, onde os mortos são cremados para sua derradeira viagem. Mas sobre esses não me estendo, pois ainda não tive a chance de visitar essa cidade sagrada. Em Mumbai, a passagem entre um mundo e outro pode ser simbolizada, desde o início do século XX, por outro portal, o "Gateway of India" (literalmente,

"Portal da Índia"), imponente construção com um gigantesco arco do triunfo de quase trinta metros de altura, construída para a visita do rei-imperador George V, que aconteceu em 1911. Não deixa de ser curioso saber que o tal arco do triunfo só começou mesmo a ser erguido em 1913 e que a obra só ficou pronta em 1924. Meros detalhes. O monumento estava na listinha a ser registrada em imagens naquela viagem, e para lá rumou a equipe. Hora de notar que, como acontece comumente, antes mesmo de embarcar, a produção tinha providenciado toda a papelada burocrática necessária para liberar nossa presença, atestando o motivo, as intenções, o caráter profissional etc. Ou pelo menos assim achávamos.

Mal tínhamos chegado ao passeio público onde centenas de pessoas admiravam o portal, fui interpelado por um policial, que reconheci ser hindi, pelo tradicional turbante, e indiano mesmo, pelo indefectível sotaque. E tome de perguntar o que eu fazia ali com aquela parafernália, e tome de mostrar passaporte, carteira de jornalista, documentos... E ele, ríspido: "*Police Station.*" Lembro que pensei várias coisas a caminho da delegacia, ali pertinho. Que era domingo, que já havíamos registrado imagens do entorno, que poderia ser complicado achar alguém no consulado brasileiro para ajudar... Chegando ao posto policial, um chá, que poderia ter vindo a calhar, mas como foi só de cadeira, foi só chato mesmo. Fui levado para conversar com um oficial mais graduado. Com a maior cara de inocente, coisa que era mesmo, expliquei tudo de novo, mostrei tudo de novo, pediram para ver as imagens já registradas, fizeram caras pensativas, deixaram alguns silêncios no ar. Acho que quando notaram que do lado brasileiro não havia nenhuma disposição para sequer discutir qualquer solução heterodoxa para o impasse, que não haveria espaço para o "jeitinho indiano", o policial aceitou encerrar o assunto. Nos termos dele. Disse que só poderíamos registrar imagens do portal com equipamento profissional se apresentássemos mais dois documentos, um do serviço do patrimônio histórico indiano, outro da própria polícia, que isso poderia ser feito na segunda-feira a partir de tal hora, que blá-blá--blá e blá-blá-blá. Na minha cabeça, eu já estava riscando o portal como uma imagem fundamental.

Na saída da delegacia, decisão rápida. Sabia que ali pertinho ficava outro marco da cidade, estava com vontade de tomar um chá e, com algum dinheiro, ninguém nos impediria de fazer isso. Rumo então ao Taj Mahal Palace Hotel, o cinco estrelas mais conhecido da Índia. E não apenas pelo edifício imponente, construído em 1903, exemplo acabado da arquitetura indo-sarracena, o preferido dos visitantes dos tempos do Império Britânico e hoje joia da coroa de outro império, o econômico do grupo Tata, já citado neste capítulo. Mas o Taj era conhecido também por ter sido palco de um sangrento atentado, promovido por um grupo terrorista islâmico paquistanês, o Lashkar-e-Taiba. O objetivo era mesmo atingir um símbolo da riqueza e do desenvolvimento da Índia. E foi um golpe.

O ataque ao hotel, no final de novembro, logo virou um cerco, e só terminou três dias depois de começar. Quase 170 pessoas, entre hóspedes e funcionários, morreram. Os terroristas também foram mortos nos enfrentamentos com as forças de elite da polícia indiana. As investigações indicaram que o ataque havia sido planejado com a ajuda direta de um cidadão americano de origem paquistanesa. Valendo-se da dupla nacionalidade, o terrorista David Headley tinha se hospedado algumas vezes no hotel e anotado características, pontos fracos, entradas, detalhes do esquema de segurança que foram fundamentais para seus cúmplices. Um ano depois, uma das primeiras autoridades a se hospedar no Taj foi a então secretária de Estado americana Hillary Clinton. Em 2010, o então presidente dos Estados Unidos Barack Obama tornou-se o primeiro chefe de Estado a se hospedar no Taj depois daqueles trágicos eventos.

Enquanto tomava um chá com bolinhos num dos nove restaurantes do hotel, não digo que fiquei nervoso, ao mesmo tempo, posso afirmar que para onde quer que eu olhasse, ficava me perguntando se era por ali que os terroristas tinham entrado, como é que tinham burlado todas as barreiras de segurança? E, principalmente, algo que nunca deixa de me intrigar: como é que um ser humano chega ao ponto de decidir que uma causa vale um ataque covarde a outros seres humanos? Aliás, a coragem dos terroristas de se sacrificarem pela estupidez que seja não é nada perto da covardia de achar que eles têm o direito de tirar uma vida. E, nisso, os terroristas se equivalem aos mais sórdidos matadores de aluguel, aos milicianos e demais covardes que tentam se impor pela força da bala, à custa de sangue. Não conseguiram no Taj, não conseguirão em lugar algum.

MOSCOU
SIBÉRIA
RÚSSIA
SVALBARD
Moscow
Voronezh
Kazan'
Perm'
Noril'sk
Omsk
Barnaul
SAQUISTÃO

Rumo à Estação Sibéria

Imensidões geladas, florestas de pinheiros, tigres raros, ursos. Campos de trabalho forçado, terra de exílio, gulags. Frio. Acima de tudo e sempre, o frio. Essas eram algumas das imagens que tinham povoado a minha mente naqueles dias de início de março. Olhando para baixo pela janela do avião que tinha saído de Moscou de manhã e voado pouco mais de três horas rumo ao nordeste, o que dava pra ver parecia confirmar a expectativa. Uma imensidão plana e branca. Tudo indicava que fazia muito frio. E olha que já tínhamos tomado um susto na capital russa.

Pausa rápida e explicativa: quando falo no plural é porque me refiro ao nosso pequeno grupo, formado pelo meu amigo e parceiro de empreitadas jornalísticas Flávio, segunda geração de uma linhagem de profissionais que começou conhecida como cameraman, passou a ser chamada de cinegrafista e finalmente foi reconhecida como a categoria dos repórteres cinematográficos. Além dele, também estava o técnico Douglas, fera no áudio e na luz, tão fundamentais para uma boa produção de TV, e este escriba. A equipe daquela viagem ficara completa alguns dias antes, no aeroporto de Sheremetievo, quando encontramos o tradutor Danilo. O sobrenome Prestes não deixava dúvida, era descendente direto, no caso neto, de Luís Carlos, o histórico líder comunista brasileiro.

De uma parte da família que morou na antiga URSS e depois até voltou ao Brasil, Danilo, naquele momento, trabalhava como intérprete para comitivas de viajantes brasileiros, atendendo jornalistas com certa frequência. Pois logo antes de nos reunirmos com Danilo, o tal susto. Desembarcamos, passamos pela alfândega e chegamos à esteira indicada para pegar as malas. Minutos, muitos minutos, mais minutos de espera e nada. Até que não havia mais mala para chegar. E nada das nossas. Só parte do equipamento. Roupas, as minhas roupas de frio, separadas, algumas compradas de última hora, com tanto esmero... nada. Tive ali a primeira experiência com a burocracia russa. Não me pareceu boa. A funcionária que me atendeu no balcão indicado parecia a encarnação de um estereótipo. Mais para grande. Batom forte, tintura no cabelo idem. Alguma impaciência na voz. Checou tíquetes, deu dois telefonemas, falou no rádio e veio com a conclusão, num inglês esforçado (quem mandou eu não falar russo?): as malas tinham seguido para São Petersburgo, a histórica capital do Império Russo que mudara de nome tantas vezes — em 1914 para Petrogrado, depois, em 1924, virou Leningrado, e, com a derrocada do comunismo em 1991, voltou ao original. Pois nossas malas tinham ido parar lá, informava a diligente russa. Num tom desejosamente profissional, disse que as bagagens haviam sido localizadas e que deveriam ser trazidas para Moscou num voo da madrugada seguinte. Ela me deu um papel, *do svidánia* (tchau, ou até logo, em russo) e benção. Saí dali sem muita fé. Fui desmentido pelos fatos. Na prometida madrugada, ligaram da recepção do hotel para avisar que as malas haviam chegado. Tudo isso indicava duas coisas: a burocracia russa podia ser mais confiável do que parecia e as ceroulas, o gorro e as luvas que eu tinha comprado num shopping na primeira parada, emergencial, pós-aeroporto seriam extras bem-vindos na viagem.

Mas isso tinha acontecido em Moscou, cidade fascinante, que vai ser o centro das atenções daqui a algumas páginas. Afinal, estávamos chegando a Kogalym, Sibéria profunda, a pouco mais de três mil quilômetros da capital. Por que Kogalym? Porque fica numa região importante para um dos principais setores da economia russa, a indústria de petróleo e gás. A Rússia é o terceiro maior produtor de petróleo do mundo e está também entre os maiores exportadores. O subsolo desse gigantesco país, o maior em extensão no mundo, guarda ainda quase um terço de todas as reservas de gás conhecidas do planeta. E esses dois produtos, petróleo e gás, respondem por mais da metade de todas as exportações do país e quase metade do volume de dinheiro que entra nos cofres do Estado. O setor foi, como aliás qualquer outro setor da economia russa, 100% estatal durante a era soviética. A partir do desmoronamento da antiga URSS, passou a ser o centro de uma disputa duríssima, quase tão grande quanto as reservas do país. Chegou-se a uma fórmula mista: atores estatais, atores privados e empresas privadas dividem a prospecção, extração e venda do tal ouro negro, que é explorado nas planícies siberianas desde o século XIX.

Em Kogalym fica a sede siberiana da Lukoil, segunda maior empresa de petróleo da Rússia, a maior entre as privadas, perdendo apenas para a Rosneft, gigante na qual o Estado tem 75% das ações. Ainda no Brasil, tínhamos optado por centrar no setor privado nossos esforços para marcar uma visita aos campos de exploração siberianos, e assim não depender tanto do bom humor do governo russo nas tratativas.

Nos preparativos para a empreitada na Sibéria ainda em Moscou, dois encontros ficaram na minha memória: o primeiro, com o vice-presidente da Lukoil, um executivo magro de cabelos compridos e desalinhados que esboçou poucas reações durante a entrevista que gravamos no escritório dele. Sorriso mesmo, só com um certo desdém quando a conversa informal antes da entrevista resvalou em futebol. Perguntei o que ele achava do Hulk, não o verde dos quadrinhos e do cinema, mas o robusto atacante nascido na Paraíba e pouco conhecido pelo nome de batismo, Givanildo Ribeiro de Souza.

Foi aí que veio o sorriso, acoplado ao desdém. É que Hulk defendia o Zenit, time azul e branco de São Petersburgo, arquirrival do Spartak de Moscou. Como se não bastasse esse fato, o Zenit tem um patrocínio quase vitalício com a Gazprom, a gigante estatal do petróleo e gás, enquanto a Lukoil patrocina o alvirrubro Spartak. Não acusei o golpe, mas achei por bem não estender a conversa sobre o velho e rude esporte bretão. Não sei se fiz uma ligação mental direta, mas, na sala ao lado, dois enormes seguranças garantiam a tranquilidade do patrão e deixavam no ar algum desconforto para os visitantes. Não gostaria de tê-los como participantes de uma acalorada discussão clubística. Aliás, de discussão alguma.

Dando sequência aos bastidores do encontro, como já mencionei, não falo russo. O executivo falava inglês, mas não considerava que falava bem o suficiente para dar uma entrevista nesse idioma. O velho "entendo mas não falo", ou quase isso. Mas deu para ver que ele entendia. Acho muito chato de ver, fazer ou editar esse tipo de entrevista em que o jornalista faz a pergunta numa língua, o tradutor verte para o entrevistado, que responde no idioma de sua preferência, e a resposta volta fazendo o caminho inverso. A naturalidade se perde, acaba soando fria quando não falsa, na minha opinião. Mas como fugir dessa fórmula? Com tradução simultânea daria para fazer, mas demandaria uma estrutura que não tínhamos. Já capacidade de improvisação e conhecimento técnico tínhamos de sobra, na figura do nosso fera de áudio e luz, Douglas, que deu a solução. Eu faria as perguntas em inglês e o executivo responderia em russo. Danilo, o tradutor, ficaria a alguns metros, fora do enquadramento, acompanhando tudo com um terceiro microfone. Traduziria, falando baixo, todas as respostas do diretor diretamente para o ponto eletrônico que, por excesso de previdência, Danilo tinha trazido na mala. Assim foi feito, e o resultado ficou bem decente.

Aqui mais um adendo, para falar um pouco dessa arte que é a tradução simultânea. Tenho grande admiração pelos profissionais do ramo desde a primeira vez que me pediram para fazer algo do gênero, sem nunca ter estudado as técnicas nem treinado de fato, só porque eu falava inglês. Foi em 13 de setembro de 1993, dia que encheu de esperança todos aqueles que acreditavam na possibilidade de avanços concretos nas negociações de paz entre Israel e os palestinos.

Esse capítulo do delicado processo, numa das regiões mais explosivas do mundo, era um desdobramento da Conferência de Madri, ocorrida dois anos antes e copatrocinada por Estados Unidos e União Soviética. O objetivo, em 1993, era avançar nas conversações para medidas práticas que pudessem desembocar num tratado que garantisse, ao mesmo tempo, a integridade territorial e a segurança de Israel, assim como a soberania dos palestinos sobre o que seria um futuro estado independente. Negociações nesse sentido foram feitas em segredo na capital da Noruega — daí o nome, Acordos de Oslo —, mas o compromisso em si foi oficializado numa cerimônia histórica, nos jardins da Casa Branca, em Washington.

Pela primeira vez num evento público, estavam frente a frente o primeiro-ministro de Israel Yitzhak Rabin, respeitado líder político, com quase trinta anos de carreira militar e visto por muitos analistas como o único negociador capaz de convencer os israelenses da necessidade vital de trocar terras por paz duradoura, e o líder palestino Yasser Arafat, engenheiro de formação, estrategista militar por opção, presidente da Organização para a Libertação da Palestina (OLP) desde o final da década de 1960, e também com larga experiência e respeito na sua comunidade. O anfitrião era o presidente americano Bill Clinton, democrata do Arkansas que não mediu esforços para entrar na história como o viabilizador de um processo de paz que mobiliza e divide o mundo até hoje — e que acabou ficando marcado por um caso extraconjugal com uma estagiária.

Uma última curiosidade histórica sobre esse encontro em Washington: o acordo foi na verdade assinado por Shimon Peres, um dos mais longevos políticos de Israel, que naquele período era ministro das Relações Exteriores, Mahmoud Abbas, braço direito e herdeiro político de Arafat, e ainda pelo secretário de Estado americano, Warren Christopher, e pelo ministro do Exterior da Rússia, Andrei Kozyrev, já que entre as reuniões de Madri e Washington a União Soviética tinha acabado.

Foram os discursos dessa reunião de tanto peso e significado que, a pedido do meu chefe à época, Ricardo Calil, tive que traduzir, ao vivo, na transmissão do canal GNT. Com toda a dificuldade que um jornalista de 25 anos pode ter, mas pelo menos para uma audiência incipiente, já que a TV por assinatura no Brasil não tinha completado nem dois anos de existência. Desde aquele dia, acumulei muitas horas de traduções simultâneas na carreira. De inglês, francês, italiano, espanhol e até catalão, idioma que não domino, mas isso é outra história. Naquele dia, naquela conversa com o executivo da indústria russa do petróleo, eu não era o tradutor, e com a ajuda do Douglas, o Danilo fez um belo trabalho.

Na mesma semana, em Moscou, tivemos um segundo encontro, dessa vez para falar das questões práticas da ida a Kogalym, do roteiro siberiano, dos cuidados a tomar etc. Uma conversa mais informal, com um diretor, que marcou o encontro para um happy hour num bar. Logo na chegada notei que a hora deveria ser alegre mesmo, o nosso contato tinha à sua frente uma caneca de cerveja e um copo, menor, de vodca. Perguntou o que gostaríamos de beber e, sem querer fazer nenhuma desfeita e, ao mesmo tempo, sem querer abusar, eu disse que aceitava um copo de chope. No que ele emendou: "E uma vodca." Notando minha hesitação, soltou a pergunta que definiria o cardápio etílico da reunião: "Qual o sentido de beber cerveja sem vodca?" Diante de tão cartesiana lógica, não me restou outra coisa a fazer senão resignar-me e brindar pela amizade entre Rússia e Brasil.

Entre uma dica e outra sobre a relevância da produção de petróleo e gás na região de Kogalym, a importância de evitar permanecer por muito tempo, no caso alguns minutos, em lugares ao ar livre ou a atenção para a eventual aparição de lobos perto de um laboratório fincado no meio da neve, notei algo que se mostraria comum em vários interlocutores russos naquela viagem: o orgulho da grandeza da pátria-mãe Rússia. Um orgulho que remetia ao passado imperial czarista, mas também às décadas de ditadura do proletariado soviético e, claro, às ambições da Rússia de Vladimir Putin. Um sentimento que tem a ver tanto com a imensidão territorial do país quanto com sua rica cultura, com o histórico de enfrentamento dos invasores — Napoleão e Hitler que o digam — ou as disputas, abertas e veladas, travadas com outros gigantes mundiais, como a China e os Estados Unidos.

Esse orgulho russo reaparece nos momentos mais insuspeitos. Por exemplo, quando, ainda no encontro com o diretor da Lukoil, ele fez questão de explicar o significado da palavra vodca. "Little water", ou "aguinha", dizia com um sorriso maroto, contando que aquilo que os estrangeiros consideravam uma bebida muito forte, para o russo era apenas uma água. Eu não quis falar de cachaça e preferi não tocar no drama do alcoolismo na sociedade russa, que teve um de seus expoentes mais conhecidos na figura do primeiro presidente da Rússia pós-soviética, Boris Yeltsin, que, a partir do momento em que chegou ao poder, em 1991, foi flagrado diversas vezes em público em atitudes que deixavam claro para qualquer um que vodca está longe de ser uma aguinha.

Depois de um voo tranquilo de mais de três horas desde Moscou, finalmente avistei na imensidão branca lá embaixo, na pista de pouso do aeroporto de Kogalym. Começo de março, um dia lindo de sol e um frio de rachar. Nada comparável aos quase vinte graus negativos de alguns dias mais tarde. E muito menos aos 62 abaixo de zero, recorde registrado alguns anos antes da chegada daqueles brasileiros friorentos na cidade. O tema do frio é algo tão presente — por razões óbvias, a média anual diária por lá é menos 2,5 graus — que numa singela visita aos escritórios de uma empresa, pelo menos dois funcionários vieram me mostrar, sempre orgulhosos, registros que tinham feito com os termômetros marcando menos de cinquenta graus negativos. O bom é que estávamos protegidos, talvez não para esses exageros, mas pelo menos para o frio previsto para aquela semana.

A primeira coisa que o motorista que trabalharia conosco fez na nossa chegada foi repassar a cada um os casacos que deveríamos usar toda vez que não estivéssemos no carro, no hotel ou em qualquer outro ambiente sem calefação. Difícil até descrever quão parrudo era o casaco. Primeiro, ia até o joelho e tinha um gorro que, fechado, só deixava praticamente os olhos de fora. E era aconselhável usar óculos escuros diante dos descampados nevados. Por fora, um tecido forte, impermeável, com um pedaço azul, mas predominantemente vermelho-sangue e ainda com tiras fluorescentes. Tudo para que quem estivesse usando fosse visto de longe. Nos dias de frio mais intenso, ser visto podia ser a diferença entre seguir trabalhando ou morrer congelado. Além disso, tinha, mais do que um forro, uma estrutura interna que não deixava o frio entrar, fazendo lembrar de um velho jingle dos cobertores vendidos nas Casas Pernambucanas... Para completar, um capacete para cada um, de uso obrigatório nas gravações externas perto das instalações da companhia petrolífera.

Nos poucos mas intensos dias que passamos em Kogalym, a rotina foi corrida e o casaco, absolutamente fundamental. Eu me lembro de estar gravando uma passagem — aquele momento em que o repórter aparece fisicamente no meio de uma matéria, de preferência acrescentando alguma informação — em que baixei o gorro para não poluir demais a imagem. Comecei a falar meu texto e logo errei. Recomecei, errei de novo. Na terceira vez, pensei: "Ou acerto agora ou não gravo." Foi bom ter acertado, quando voltei para a van já não sentia as pontas das orelhas.

Para tentar entender um pouco a vida naquelas condições, conversamos com gente da prefeitura. Um funcionário, também orgulhoso, mostrou na parede um grande mapa daquela cidade, que tinha nascido em 1975, exatamente por causa da produção de petróleo na região. Antes disso, ali havia um vilarejo pequeno, povoado por agricultores e caçadores e de população incerta e variável, dependendo das condições climáticas. Na era soviética, os burocratas de Moscou decidiram que ali seria erguida uma cidade e assim foi feito. Com uma população de cerca de sessenta mil habitantes, quase todos são funcionários da Lukoil e alguns poucos trabalham no setor de serviços.

Esteticamente, a cidade tinha pouca personalidade. Largas avenidas cortadas por algumas poucas ruas menores, e todas elas ocupadas por grandes e pesados blocos de apartamentos. Aqui e ali um prédio público, um pequeno centro comercial, uma escultura futurista, um MIG-25... Opa! O que estava fazendo na entrada de um parque público aquele caça, da respeitada e temida família Mikoyan-Gurevich, modelo 25, apelidado no Ocidente de FoxBat, ou morcego-raposa? Nada de tão extraordinário, era apenas mais um dos muitos símbolos da União Soviética que podem ser vistos em locais públicos da Rússia três décadas depois do esfacelamento do bloco comunista. E era uma arma de guerra impressionante mesmo. Podendo voar a uma velocidade quase três vezes maior do que a do som, a partir da década de 1970 era o caça mais veloz em atividade, o que forçou os americanos a acelerarem a produção dos caças F-15 de melhor performance. Fabricado até meados dos anos 1980, o MIG-25 ainda não foi totalmente aposentado na Rússia e em alguns países do antigo bloco.

Mesmo sem ser um aficionado, eu tinha lido sobre a história do MIG-25 e assistido a um filme de ação que romantizava um episódio que de fato havia acontecido. Em 1976, um ano, portanto, depois da fundação de Kogalym, um desertor da força aérea soviética roubou um caça daquele modelo de uma base em Vladivostok, extremo leste da Rússia — quem já jogou War vai lembrar —, e o levou até a ilha de Hokkaido, no Japão. De lá, conseguiu asilo nos Estados Unidos, para onde o caça também foi levado, desmontado e analisado nos mínimos detalhes. O episódio marcou uma derrota militar humilhante para os soviéticos sem que um tiro sequer fosse disparado. Acabou também desencadeando uma crise entre Moscou e Tóquio, já que os soviéticos não se conformavam com aquela escala do desertor em terras nipônicas.

Para fechar esse episódio, vale dizer que, durante a Guerra Fria, descobrir segredos militares do inimigo era uma obsessão tanto dos americanos quanto dos soviéticos. Operações oficiais foram planejadas nos Estados Unidos e em Taiwan para aliciar desertores com promessas de recompensas. E espiões a serviço de Moscou não se furtaram em oferecer benefícios semelhantes a quem quer que se dispusesse a repassar segredos militares e estratégicos. Os dois lados têm sua cota de sucesso nessas iniciativas, e quero crer que elas possam ter evitado o pior, ou seja, o aniquilamento mútuo, a partir do momento que um ou outro confirmava o poder destrutivo do adversário e, com isso, vislumbrava a dimensão catastrófica da encrenca, no caso de um conflito de grandes proporções. A ação de mercenários era incentivada com o mesmo propósito, e eventualmente o apelo funcionava.

Na minha adolescência, depois de ler sobre a atuação desses soldados sem bandeira em guerras e guerrilhas na África, cheguei a comprar, em sebos do Rio, alguns exemplares da revista *Soldier of Fortune: The Journal of Professional Adventurers*, numa tradução livre, "Mercenário: o diário do aventureiro profissional". Por mais bizarro que possa parecer, a publicação era isso mesmo, uma ode aos mercenários. Uma sucessão de reportagens relatando campanhas de mercenários, que eram mobilizados para reforçar tropas oficiais ou ajudar a derrubar governos, armar movimentos independentistas ou de supressão de oposicionistas. Um almanaque de exaltação do poder das armas, em que questões éticas, humanistas ou mesmo de geopolítica ou estratégia militar convencional passavam longe.

Um caso de sucesso, nos termos do que mercenários entendem como sucesso, claro, foi o recrutamento de combatentes para a Guerra Civil da Rodésia, ou Guerra de Libertação do Zimbábue, sangrenta passagem dos tempos da Guerra Fria. Só lembrando: a Rodésia foi a herdeira de uma colônia britânica do centro-sul da África, a Rodésia do Sul, que fazia fronteira com a Rodésia do Norte, hoje Zâmbia. A partir do início dos anos 1960, movimentos independentistas se espalharam pela África. Na Rodésia do Sul, negociações com a coroa inglesa indicavam o início de um processo de autonomia, que para militantes nacionalistas deveria resultar na constituição de um governo que representasse equilibradamente as divisões do país. Os colonos brancos, que mal chegavam a 5% da população, se adiantaram e declararam independência antes, criando, na prática, um Estado racista, cópia em menor escala do modelo do regime do apartheid na vizinha África do Sul. Para impor essa configuração, não hesitaram em convocar, com a ajuda da revista *Soldier of Fortune*, centenas de mercenários a quem ofereciam grandes somas e a perspectiva futura de terras. Começava ali uma guerra, basicamente de guerrilha, que durou até 1979, marcada por uma violência extrema, principalmente por parte dos mercenários. Essas tropas irregulares, que se juntaram às forças de um governo nunca reconhecido pelas Nações Unidas, não hesitaram em lançar mão de armas químicas e biológicas contra grupos que lutavam pela independência e contra a população civil.

O regime segregacionista sul-africano, além das colônias portuguesas de Angola e Moçambique, eram os mais evidentes aliados dos racistas da Rodésia. Menos evidente e nunca de fato assumido era o apoio velado dos Estados Unidos, que viam aquele conflito no contexto da Guerra Fria e não queriam perder a influência no continente africano para movimentos inclinados ao socialismo, que poderiam atrair o apoio da União Soviética. A mesma potência comunista que, depois da crise do petróleo de 1973, redobrava os esforços para aumentar sua produção com, entre outras medidas, a ampliação da fronteira de exploração em áreas ainda pouco prospectadas da Sibéria, como a região de Kogalym.

Obviamente não pensei nisso tudo olhando para aquele MIG-25 num parque nevado da cidade, mais de trinta anos depois da guerra de independência do Zimbábue. Mas uma informação puxa a outra, e a tendência é de que, por mais longe que aconteça um fato, uma crise, um desdobramento, de alguma forma seja possível encaixá-lo num contexto que aproxime países e realidades à primeira vista absolutamente distintos, como as de uma província gelada da Rússia e de um pobre país africano que luta para superar a pesada herança do colonialismo.

No parque onde o avião de guerra domina, soberano, a entrada, ainda deu para ver uma turma de estudantes de uma escola das redondezas em sua aula de ginástica. Mais precisamente, uma aula de esqui cross-country, com um circuito que os adolescentes tinham que completar atravessando um bosque de pinheiros.

De volta ao pequeno museu, onde o funcionário da prefeitura nos dava informações sobre a população local, a economia, as tradições, alguma coisa me intrigava naquele mapa na parede. É que mais ou menos metade dele aparecia bem detalhada, com ruas, a localização de prédios, do comércio. A outra metade parecia um esboço. Sorrindo, nosso guia disse que eu tinha razão. Aquilo ali era de fato um esboço do projeto de expansão da cidade, planejado ainda nos anos soviéticos. Fazia sentido, já que a própria cidade tinha nascido de uma decisão estratégica e planejada, motivada pela expansão da fronteira de exploração de petróleo na Sibéria. Mas já haviam se passado quarenta anos desde a fundação de Kogalym e, nesse período, o mundo mudou muito, a União Soviética desapareceu do mapa e a empresa de petróleo que atuava na região não era mais estatal, e sim privada. Com tantas mudanças, faria sentido também que o planejamento tivesse mudado. Nada disso. Com as informações coletadas, armazenadas e repassadas pelo Estado soviético, urbanistas e especialistas em infraestrutura tinham à mão uma sólida base para preparar a cidade para crescer e até dobrar de tamanho. O que me fez lembrar de algo que tinha ouvido numa conversa no metrô de Moscou, um dos maiores e mais interessantes do mundo.

Aquele metrô profundo, de intermináveis escadas rolantes em sucessão e estações monumentais, concebido no pensamento stalinista para ser uma espécie de palácio dos trabalhadores, teve uma expansão metodicamente planejada. Com isso, muitas estações foram construídas antes mesmo do desenvolvimento dos bairros a que hoje servem. Em Kogalym, não chegaram a tanto, mas o mapa indicava que a cidade estava preparada para se expandir sem maiores atropelos, se preciso fosse. Por um breve momento, pensei na importância do planejamento, de ter projetos para o país, pois só assim é possível ter um projeto de país. Por um instante, no frio da Sibéria profunda, me lembrei do Brasil e de como, muito mais caro do que ter qualquer planejamento, é o preço que pagamos por não ter praticamente nenhum.

Devaneios desse tipo podem fazer a cabeça viajar, mas duram pouco. Logo, a prioridade era achar um jeito de transmitir para o Brasil, daqueles cafundóvskis russos, um boletim sobre a visão local do que estava acontecendo na Ucrânia. E o que estava acontecendo mesmo? Nada menos do que uma guerra. E aqui, peço licença para, mais uma vez, dar espaço a uma explicação de contexto.

O conflito, que abalava a região leste do país, aquela que faz fronteira com a Rússia, girava em torno do controle da estratégica região da Crimeia, onde fica o porto de Sebastopol, quartel-general da frota do mar Negro da Rússia. Acabou envolvendo também a região de Donbass, um pouco mais ao norte, na costa do chamado mar de Azov. Nos meses que antecederam nossa viagem, a Ucrânia foi sacudida por uma onda de protestos populares que ficou conhecida como Euromaidan, a qual a Rússia dizia ser insuflada pelo Ocidente. Na origem desses processos, o descontentamento de parte importante da população ucraniana com a demora do governo do autocrata e, logo o mundo saberia, profundamente corrupto Viktor Yanukovich em formalizar um ambicioso acordo econômico com a União Europeia.

As negociações desagradavam e preocupavam a Rússia, principal parceira comercial da Ucrânia e historicamente ligada ao país. Basta dizer que antes mesmo da formação da Rússia, com Moscou como capital, houve, entre os séculos IX e XII, a chamada Rússia de Kiev, precursora da grande mãe Rússia que nasceria tempos depois. Outra comprovação, bem mais singela, dessa ligação umbilical entre os dois países tive quando pedi ao motorista que transportava nossa equipe em Moscou que nos levasse para almoçar no restaurante mais tipicamente russo que ele conhecia. Era um restaurante ucraniano.

Seguindo então nas atribuições do século XXI, o governo Yanukovich acabou sendo derrubado pela pressão popular, e ele fugiu para o exílio... na Rússia. Deixou para trás um histórico de corrupção e uma residência oficial que parecia saída de um roteiro de cinema, com todos os absurdos símbolos de ostentação que só os mais endinheirados autocratas são capazes de reunir num único lugar. De um banheiro folheado a ouro a um navio restaurante. De uma pista de boliche oficial a um cinema particular. Tudo reluzindo a rococó e desperdício e cheirando, claro, a milhões e milhões desviados da população.

Dias depois da queda de Yanukovich, tropas sem as tradicionais identificações nos uniformes ocuparam pontos estratégicos da Crimeia, enquanto combates se intensificavam em Donbass. E foi nesses dias de incertezas que visitei a Sibéria e ouvi a versão local dos acontecimentos. Para o governo russo, na verdade, o movimento Euromaidan tinha como objetivo final separar ainda mais os dois países irmãos, além de enfraquecer o poderio militar de Moscou, retirando dos russos a base naval de Sebastopol. Ainda segundo essa versão, o levante militar foi iniciado pela população de origem russa daquela região da Ucrânia, insatisfeita com o que via como uma aproximação excessiva com o Ocidente e uma negação das históricas raízes eslavas. Não ficou muito claro como se explicava a entrada em ação de forças "anônimas", muito bem equipadas, que a Rússia garantia não serem suas, embora o mundo inteiro soubesse que eram.

Combinei com os editores no Rio de gravar material para um boletim. E não era nada desproposital; afinal, pela Ucrânia passavam gasodutos que levavam parte importante da produção siberiana para o oeste e os mercados da Polônia e, principalmente, da Alemanha. Eu estava numa região de extração de gás e petróleo. Juntando imagens recebidas no Brasil das agências de notícias internacionais com o material que eu poderia gravar nas instalações da Lukoil em Kogalym, teríamos um produto jornalístico diferenciado, como alguns gostam de falar. Prefiro dizer que seria um material jornalístico raro e pertinente. Não é todo dia que um jornalista brasileiro manda algo quente das imensidões geladas da Sibéria.

Com a inestimável ajuda do nosso intérprete, Danilo, fizemos contato com a única estação de TV local, pequena afiliada de uma grande rede russa. E, sim, eles tinham a possibilidade de mandar nosso material por satélite para o Brasil, ficaram felizes em ajudar e, ainda melhor, sem custo. Ainda por cima, fizeram questão de nos convidar para um jantar na própria emissora. Assim foi feito. Material gravado e, depois de algumas dificuldades técnicas e idiomáticas, enviado para o Brasil. Tivemos, então, uma conversa com o diretor do canal, que nos conduziu até o restaurante da emissora. Acho que éramos sete à mesa, quatro brasileiros da nossa equipe e mais três russos. Antes mesmo da entrada, nosso anfitrião pegou o copinho que estava posicionado ao lado de um maior, à frente de cada prato. Já imaginava o que vinha, mas não quanto vinha. Uma assistente passou a garrafa de vodca, todos os copinhos foram enchidos e veio o brinde, algo como "À amizade entre Rússia e Brasil, aos nossos colegas brasileiros, que façam um belo trabalho na Sibéria", e concluiu com *Za zdoróvie!*, o tradicional "à sua saúde!" russo. Brindamos, tomamos aquela vodca à temperatura ambiente, tudo a ver, não fazia sentido gelar bebida na Sibéria. Quando eu ia comer a primeira garfada do peixinho defumado da entrada, o colega russo bateu no meu braço e lembrou: "Agora é sua vez." Lá fui eu enaltecer nossos laços de amizade e também desejar saúde para todos, antes de botar para dentro mais uma dose. E começamos finalmente a comer. Terminada o que entendi ser a primeira entrada, os pratos foram trocados e... mais um brinde duplo. A cena se repetiu, se não me engano, seis vezes. Ou foram sete. Admito que em dado momento me perdi nas contas. Mas, pelo menos, também comemos. Depois do peixinho veio um enroladinho de couve recheado de carne moída, em seguida uma reconfortante sopa com massa, uma carne com molho cremoso e, de sobremesa, uma torta de chocolate doce no grau máximo. Bem alimentados e levemente inebriados pela amizade russo-brasileira, saímos da estação de TV, que tinha, na frente da entrada, uma até certo ponto esperada escultura de gelo em formato de peixe.

Com o frio intenso que fazia naquela noite, a caminhada de alguns metros de volta ao carro foi suficiente para deixar todos basicamente sóbrios e despertos. Acordamos cedo para mais um compromisso, a visita a um laboratório fincado no meio de um campo de produção, a meia hora da cidade, imensidão branca adentro. Acompanhamos com atenção as explicações de funcionárias sobre a análise da pureza do petróleo que era extraído. Trabalho repetitivo, que alguns chamariam de monótono, mas importante para assegurar a qualidade da produção e detectar eventuais problemas. Ali perto, uma sala de comando, onde engenheiros se revezavam as 24 horas do dia para monitorar o funcionamento dos equipamentos de extração, a pressão dos dutos, a queima do gás descartado e muitas outras tecnicidades para além da minha compreensão. Naquele ambiente asséptico não pude deixar de sentir certa melancolia ao ver uma planta cuidadosamente posicionada ao lado dos postos de trabalho. "É para dar algum calor a esse cenário tão frio", pensei. A melancolia cresceu ao constatar que a planta era de plástico. Claro.

Nessa visita também teve almoço no refeitório, também teve enroladinho de repolho. Também teve sopa, mas comemos embutidos com batata em vez de peixe. E não, não teve vodca. Tentando pensar no que mais me marcou nessa visita a um lugar tão diferente de tudo o que eu conhecia, pela situação geográfica, mas também pela estética daquela cidade planejada para ser um ponto de apoio da exploração de petróleo e gás nas estepes siberianas, me vêm à cabeça duas palavras: determinação e adaptação. Absolutamente determinados em ocupar aquela região inóspita e explorar suas riquezas, os russos foram lá, planejaram, construíram e desenvolveram aquela cidade. Cientes dos desafios embutidos numa proposta de emprego ou numa convocação irrecusável, milhares de trabalhadores foram para lá e se adaptaram. Aos longos meses de frio intenso, à distância de centros urbanos mais movimentados, aos desafios de uma vida em família num lugar que exige tanto de cada indivíduo, ao isolamento. Em mais uma dessas tempestades cerebrais que me acometem, logo lembrei da produção de petróleo no Brasil. Em tudo, ou quase tudo, diferente da que eu testemunhara na Rússia, a começar que, entre nós, a exploração se dá basicamente em plataformas em alto-mar. Mas, na verdade, aí talvez esteja um ponto de conexão: o isolamento, a impossibilidade de dar uma volta para espairecer. No Brasil, porque isso significaria pegar um barco e enfrentar os humores do oceano. Na Sibéria, porque isso ninguém quer se arriscar a dar uma volta a menos 25ºC sem saber se conseguiria voltar. Mas nós tínhamos que voltar, para Moscou.

A caminho do aeroporto, estava quase familiarizado com aquela paisagem branca. De certa forma aliviado também por saber que deixaria para trás meu companheiro daqueles dias, o casaco com todas as suas camadas. Na capital russa, o termômetro rondava um agradável zero. No saguão do pequeno aeroporto, mais uma curiosidade. À espera da abertura do balcão de atendimento do embarque, os passageiros não faziam fila. Ou melhor, suas malas faziam fila por eles. Mesmo em tempos tensos, com conflitos na Ucrânia e, nunca se sabe, a eventualidade de um atentado, todos deixavam suas bagagens enfileiradas no chão e iam tomar um último café, talvez uma última vodca, antes de pegar o avião.

Sei que haverá quem diga que Moscou é uma cidade fria. Perto de Kogalym, é quente e muito intensa. Seja no trânsito confuso, na movimentação de turistas na Praça Vermelha ou no animado colorido do Parque Górki. A área de lazer dos moscovitas por excelência, que se estende por 120 hectares às margens do rio Moscou, era uma das minhas referências na cidade. Como costuma acontecer, uma referência que vinha da ficção, no caso de um dos muitos livros policiais que peguei emprestados do meu pai, aficionado pelo gênero. *Gorky Park*, do autor americano Martin Cruz Smith, foi adaptado para o cinema com William Hurt no papel do protagonista, o detetive Arkady Renko, encarregado de investigar um triplo assassinato no local.

Outra referência, claro, é a Praça Vermelha, que citei de passagem e que reúne num mesmo local os símbolos das várias Rússias que formam aquele país. De um lado, o imponente e pesadão mausoléu de Lênin, celebração do que de mais sisudo e personalista teve a União das Repúblicas Socialistas Soviéticas. Logo atrás dele, as muralhas do Kremlin, complexo que é na verdade o coração do poder na Rússia e concentra palácios, igrejas, ministérios e repartições públicas. Exatamente em frente, a GUM, imensa loja de departamentos que nos anos do comunismo podia ser definida como um esquizofrênico templo do consumo de um regime que condenava o consumo. Local frequentado por poucos privilegiados num país idealizado para, entre outras coisas, combater os privilégios da era czarista. Na Rússia capitalista, a GUM é mais um desses templos do consumo onde marcas internacionais encontráveis em qualquer free shop dividem espaço com a seção de caviar, as vodcas especiais e outros produtos tipicamente russos.

Num terceiro ponto da praça, há o belo prédio do Museu Histórico do Estado, com sua famosa coleção dos tempos dos czares. Diametralmente oposto a ele, lá no fundo, a joia da coroa, já que falamos em família imperial: a catedral de São Basílio, com suas cúpulas coloridas, que parecem saídas de uma gigantesca máquina psicodélica de sorvete, mas saíram mesmo da mente do arquiteto Postnik Yakovlev, que fez o projeto no século XVI por encomenda do czar Ivan IV, popularmente conhecido como Ivan, o Terrível, muitos séculos antes do Erasmo Carlos. A beleza estonteante e surpreendente daquele estilo arquitetônico que parece mesclar vários outros encanta visitantes há gerações. Reza a lenda que teria encantado o czar a ponto de mandar furar os olhos do arquiteto para que ele nunca mais fizesse nada parecido.

Naquelas andanças por Moscou, fiquei impressionado também com a beleza do prédio do Ministério das Relações Exteriores, que, como vários outros edifícios públicos, mantém na fachada o martelo e a foice dos tempos soviéticos. Esse prédio é parte de um conjunto de obras stalinistas conhecido como "As sete irmãs". Construídos a partir do final da década de 1940, esses arranha-céus em estilo classicista monumental, como aprendi, miscelânea de barroco, gótico e modernista, estão espalhados por vários bairros de Moscou.

O mais impressionante deles, na minha opinião, é o da Universidade Estatal de Moscou. Sem entrar numa discussão ideológica profunda, sempre acho de certa forma reconfortante e um sinal de esperança na humanidade ver um edifício dedicado à educação que reflita a importância que esse tema sempre deveria ter. Para completar, o prédio da universidade fica em frente ao mirante Lênin, que tem uma das mais belas vistas da cidade e, por isso mesmo, é um clássico pano de fundo para formandos e, acima de tudo, noivas e noivos. No dia em que estivemos por lá, as comitivas barulhentas se sucediam, celebrando, registrando em imagens e, você pode imaginar, bebendo. Traço comum das sete irmãs, uma torre principal que leva, lá no alto, uma grande estrela vermelha. Logo me remeteu ao dito popular gringo *old habits die hard*, velhos hábitos demoram a morrer. Eu acrescentaria: "Símbolos, mais ainda."

Skopelos

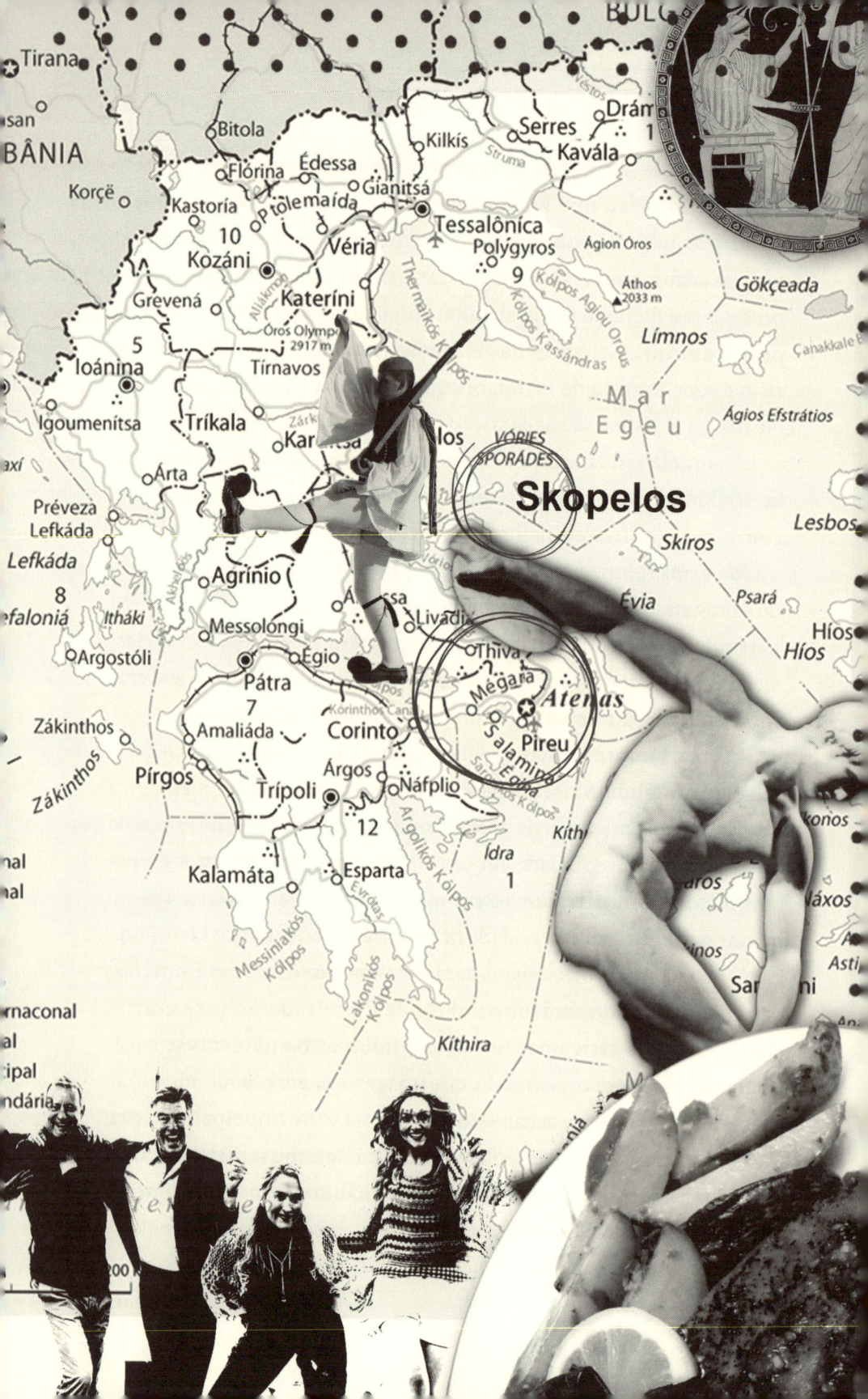

Brizola, Filhós
e *Mamma Mia*

Começo este capítulo avisando logo que não gosto de musicais. Espero que isso não seja um impeditivo para a continuação da sua leitura, mas é sempre melhor avisar antes do que deixar você se dar conta depois, se é que é fã do gênero. Não gosto do estilo, acho que nunca gostei, pelo menos não desde que assisti a *West Side Story*, ainda criança. Mas, insisto, espero que isso não seja uma razão para interromper sua leitura, é uma honra merecê-la até aqui. Entre outras coisas, porque, como toda regra, essa tem suas exceções. Importantes para a minha vida, logo, para esta história. A primeira dessas exceções é *Peau d'âne* (lançado no Brasil como *Pele de asno*), adaptação do diretor francês Jacques Demy, que, aliás, levou uma Palma de Ouro em Cannes nos anos 1960 por outro musical, *Les Parapluies de Cherbourg* (ou *Os guarda-chuvas do amor*), incensado, mas que considero bem menor.

Peau d'âne é a versão cinematográfica de um conto de fadas de Charles Perrault, poeta francês do século XVII e fera absoluta nesse gênero literário. Se você não está ligando o nome à pessoa, ou melhor, à obra da pessoa, relembro que Perrault é a cabeça inquieta e fértil por trás de *Chapeuzinho vermelho*, *A bela adormecida*, *O pequeno polegar*...

quer mais? Ok, *Cinderela* e *O gato de botas*, entre outros. Já *Pele de asno*, produzido em 1970, é um musical que me encanta desde a primeira vez. Deve ter sido o filme a que mais assisti e ainda acho que ele merece novas análises, paralelos e interpretações. Para encerrar essa menção, que já vai longe, basta dizer que o enredo tem, entre muitos atrativos, lacaios de pele azul, no mesmo tom de seus cavalos, uma velha mal-humorada que cospe sapo quando reclama, um quadrúpede que evacua ouro e pedras preciosas, um milagreiro que promete um bálsamo para emagrecer dedos anelares, uma receita de bolo que hoje pode ser encontrada na internet e uma esplêndida Catherine Deneuve como protagonista.

A outra exceção, bem mais recente, é *Mamma Mia*, de 2008, com seu enredo de comédia romântica, pontuado por versões de sucessos da banda uber-pop-cafona sueca Abba, estouro mundial na década de 1970 do século passado. "The Winner Takes It All", para citar apenas um hit.

Fui assistir ao filme de má vontade, reconheço. Mas quando os créditos começaram a subir, estava genuinamente feliz e surpreso por isso. Mais precisamente quando foram listadas as locações utilizadas para ambientar a produção. Filmado quase que inteiramente em ilhas do mar Egeu, na Grécia, o filme me levou direto para aqueles anos 1970 da infância, no período em que, dos seis aos dez anos de idade, morei fora do Brasil. Mais precisamente em Genebra, na Suíça. Conto mais sobre esse tempo no último capítulo, se é que isso despertou alguma curiosidade.

E a Grécia nisso tudo? É que por três ou quatro vezes, nas férias longas de meio do ano, no verão do hemisfério norte, fomos para a Grécia. Mas não essa Grécia de *influencers* digitais da atualidade, com seus hotéis de luxo e baladas feéricas. Falo de uma Grécia de mais de quarenta anos atrás, que já era, havia muito tempo, parte de roteiros turísticos de todo tipo, mas não tinha essa dose extra de baladas, que acabam homogeneizando qualquer destino. No meu caso específico, era um roteiro de viagem em família, de uma família de classe média passando uma temporada um tanto forçada longe de seu país, numa Grécia também de classe média, em que nos hospedávamos em casas alugadas de moradores locais muito antes de o Airbnb existir. Em geral, alugávamos o imóvel inteiro, mas houve ocasiões em que alugamos só metade de uma casa, e a família grega que lá vivia seguia morando na outra metade.

Aquelas férias representavam um mergulho num mundo novo, mais um, inicialmente uma volta ao analfabetismo. Digo inicialmente porque, com o tempo, fomos conseguindo identificar letras e sonoridades do alfabeto grego e falar os sempre úteis e educados "bom dia", "boa noite", "por favor" e "obrigado". Vitória grande foi um dia, num restaurante, quando Zé Antônio, um tio emprestado, cunhado do meu tio Sylvio, irmão do meu pai, descobriu que "palito de dentes", em grego, era *odontolifides*. As férias de verão eram ainda uma bem-vinda folga na sisudez dos suíços, com a qual convivíamos o restante do ano. Costumávamos brincar com os amigos daquela época, Flávio e Cláudia, dizendo que, na Suíça, tudo o que não era proibido era vetado (*"Tout ce qui n'est pas interdit, est défendu"*). Mas, acima de tudo, para os meus pais, aquelas semanas eram uma rara oportunidade de encontrar, ou reencontrar, outros brasileiros, parentes e amigos, também espalhados pela Europa em circunstâncias parecidas com as nossas.

O roteiro era basicamente o mesmo para quem morava na França, na Inglaterra, na Bélgica ou, como nós, na Suíça. Ir de carro até o primeiro ponto de encontro, o porto de Ancona, na costa do mar Adriático na Itália. Logo do outro lado fica a Croácia, mas nunca passamos férias lá, talvez por ignorância das belezas da costa da Dalmácia, Dubrovnik à frente. A sequência era botar o carro na garagem do porão de um navio que nos levaria até o Patras, importante porto do Peloponeso, no sul da Grécia. Dali, o carro entrava em outro navio, nós todos junto com ele, claro, para a derradeira etapa da epopeia rumo à praia — ou melhor, às praias. Nunca me esqueci dos nomes das duas embarcações que utilizamos nesse trajeto, mas também são bem simples: *Mediterranean Sea* e *Mediterranean Sky*.

 Pesquisando um pouco para este capítulo, já que, sabemos, não dá para contar só com a memória, descobri que os dois navios tinham sido fabricados nos anos 1950, num estaleiro inglês, como embarcações mistas, de carga e passageiros. Em 1971, foram adquiridos pela empresa grega Karageorgis Lines, gigante do transporte marítimo, que os transformou em navios de cruzeiro, mas que também levavam os automóveis dos passageiros que assim quisessem. O *Mediterranean Sky* navegou até 1996, quando foi aposentado e abandonado num porto ao norte de Atenas, onde afundou e hoje não passa de uma carcaça. Do *Mediterranean Sea*, não consegui descobrir o destino, pode até ter seguido navegando muitos anos mais.

 Voltando às férias, num trajeto de dois dias, o navio circum-navegava o Peloponeso — a ponta arredondada no sul do território grego —, assestava rumo norte, para o mar Egeu, alcançava o arquipélago das Espórades, e nele, atracava no porto da ilha de Skopelos. Também estivemos em Skyros e passamos em Skiathos, mas, por algum motivo, Skopelos, com seu formato alongado, muitas praias e aquele vilarejo típico branquinho, subindo uma encosta a partir do porto, era a preferida. Nossa e da produção do musical *Mamma Mia*. Estava lá nos créditos, o filme teve naquela simpaticíssima ilha sua principal locação.

 Como tantas outras ilhas gregas, Skopelos tem uma história riquíssima, marcada por sucessivas conquistas dos poderosos do momento. Macedônios, romanos, bizantinos, venezianos, otomanos, gregos independentes e até mesmo alemães nazistas, durante a Segunda Guerra. Cada um desses deixou suas marcas, porém era uma ilha grega com uma profusão de igrejas e capelas ortodoxas. Mas, para um bando de crianças e pré-adolescentes brasileiros desterrados com seus pais nos berimbolos políticos da década de 1970,

Skopelos era lugar de brincadeiras, aventuras, descobertas. Lugar de se perder e se achar. Literalmente. Um dos grandes prazeres da nossa molecada era sair a esmo pela pequena cidade toda em escadarias, sabendo que, para se achar, bastava descer em direção ao pequeno porto, o centro nervoso da ilha, coração da vida insular, a qualquer hora do dia ou da noite. Era no porto também que os garotos e garotas se sentavam com linha e anzol na mão, tentando pescar alguma coisa. No mesmo porto em que um dia uma prima dos meus primos caiu na água, foi logo puxada, mas passou horas chorando por conta da quantidade de espinhos de ouriço que trazia da desdita nas pernas.

Ainda sobre aquelas férias, nunca esqueci dois acontecimentos que foram notícia, um no Brasil e outro mundo afora, enquanto estávamos em Skopelos. Para matar a curiosidade de uma notícia brasileira chegar a uma ilha grega em meados da década de 1970, quando celular era coisa de ficção científica e a internet um sonho, os correios funcionavam bem. Era só avisar aos amigos e parentes que estaríamos na ilha tal a partir de tal dia que as correspondências nominais, enviadas para a Posta Restante, ou seja, que paravam na agência dos correios da ilha, chegariam com as novidades de longe. Assim soubemos da grande cheia de 1975, a enchente que matou mais de cem pessoas e deixou 350 mil desabrigados na capital pernambucana. Dois anos depois, lembro dos mais velhos falando do apagão de Nova York, que deixou a cidade sem luz por dois dias, alimentando uma onda de crimes e de histórias fantasiosas também. Foi a primeira vez que ouvi uma palavra que usaria bastante ao longo da carreira jornalística: blackout.

As imagens, lembranças e sensações da infância me assaltaram décadas depois desses acontecimentos, assim que fui informado de que passaria quase três semanas na Grécia, como editor e produtor, ajudando a preparar uma série de matérias e programas sobre o país que se preparava para sediar os Jogos Olímpicos de 2004.

A repórter escalada foi minha amiga Chris, que depois se consolidaria como uma grande apresentadora, e o repórter cinematográfico, Serginho, amigo que, mais tarde, passaria longos anos trabalhando em Nova York. O detalhe é que a Chris, algum tempo antes, tinha sido minha namorada, o que não ajudou a criar um clima exatamente tranquilo com minha esposa durante aqueles preparativos. Mas sou, e já era, profissional. Minha amada Clarissa, morena dos olhos amendoados, entendeu, apoiou e deu tudo certo. Foi só um detalhe. Desses dias com o Serginho, outro profissional exemplar, guardei duas cenas curiosas na memória. A primeira, quando acordei de madrugada com um barulho, num hotel de Atenas em que dividíamos o mesmo quarto. O barulho era do meu colega de empreitada, sentado na cama dele, enfiando papel higiênico nos ouvidos. Ante minha cara de surpresa, ele explicou que meu ronco estava insuportável. Sim, parece que na época eu roncava. A segunda cena aconteceu quando estávamos registrando o intenso movimento de passantes numa rua de pedestres que leva à Praça Syntagma, em frente ao Parlamento, e Serginho percebeu um personagem interessante. Um homem, de seus quarenta e poucos anos, com casaco de couro de tachinhas, visual meio punk, de meia arrastão e saia. O rico personagem notou a câmera apontada para ele, escondeu-se atrás de uma pilastra e logo reapareceu, com cara nada amigável. Pisando firme, veio tirar satisfação, já irado. Logo entendeu que éramos estrangeiros, arranhou um inglês para nos ameaçar de alguma coisa caso usássemos aquele registro. Chegou a passar o polegar de lado a lado da garganta, num gesto que o fez parecer uma caricatura de mafioso. Isso tudo aos berros, em grego. Serginho manteve a calma, tirou a câmera do tripé e depositou no chão — o cuidado, o amor que os repórteres cinematográficos devotam a suas câmeras é de emocionar — e encarou o detrator. Enquanto isso eu tentava acalmar os ânimos, repetia, em inglês, torcendo para que ele entendesse, que não usaríamos a imagem, temendo o pior. Quando começou a juntar gente, mas antes de qualquer outro desdobramento mais desagradável, o iracundo transeunte fez uma última careta, deve ter nos xingado de algo que não entendemos e foi embora, da forma como tinha chegado, a passos largos e batendo as botas no chão. Passada a tensão, rimos bastante do caso e não, não usamos a imagem da discórdia. Pelo menos não com a figura em primeiro plano. Não posso afirmar se, num exame minucioso de uma cena fortuita de movimento nas ruas de Atenas, um olhar mais atento não detectasse a presença daquele peculiar personagem passando ao fundo.

Personagens peculiares e bem mais característicos do que aquele são os sacerdotes da Igreja ortodoxa, bem numerosos na fauna humana helênica. Não é para menos, já que, até bem pouco tempo atrás, cerca de 90% da população se declarava seguidora daquela que é uma das principais denominações da ortodoxia cristã. Normalmente usam cabelos compridos presos na nuca e longas barbas. A sensação é que, quanto mais branca e densa a barba, mais respeitado é o religioso. Usam vestimentas escuras quando não estão celebrando missa e acabam trajando vistosos e coloridos mantos dentro das igrejas, que são, como diz o clichê, um espetáculo à parte. Há muito dourado nas várias figuras de santos que adornam paredes e o teto do templo, e o forte cheiro de incenso predomina. Mais para um incenso católico, por assim dizer, do que indiano. A exemplo dos pastores protestantes, e diferentemente dos padres, os sacerdotes ortodoxos podem contrair matrimônio e ter filhos. Tivemos até um sacerdote e sua família como vizinhos em Skopelos, numa daquelas férias da infância.

Figuras tão curiosas quanto — ou muito mais, para crianças ou adultos —, mas que nada têm de inesperadas, pois têm local e hora exatos para aparecer, são os integrantes do regimento Evzone do exército grego, responsáveis pela guarda presidencial e também pela proteção do monumento ao soldado desconhecido, em frente ao parlamento, a apenas algumas dezenas de metros de onde aconteceu o princípio de confusão que narrei há pouco. Esses guardas talvez só encontrem paralelo, tanto nos curiosos uniformes históricos quanto na marcha característica e exagerada, naqueles que todo final de tarde fazem a mais tensa cerimônia de fechamento da fronteira entre os inimigos Índia e Paquistão, no posto que separa o vilarejo indiano de Attari do de Wagah, paquistanês. Beira o inacreditável.

Em Atenas, a troca da guarda que eu tinha visto criança, de férias, vi de novo, adulto, trabalhando. Acontece a cada hora cheia, mas a grande cerimônia, com mais participantes e mais público, é realizada às 11 horas da manhã de domingo. Não chega a juntar uma multidão como a que fica postada em frente ao Palácio de Buckingham, em Londres, para a troca da guarda da rainha, mas é parte muito frequente dos roteiros turísticos pela capital grega. Serginho gravou imagens do chão, mas pedimos licença para invadir o prédio de um hotel, em obras para a Olimpíada, para ter também a visão de cima.

O ritual militar começa sonoro, com os pregos das grossas solas dos guardas batendo no mármore. A intensidade da batida corresponde à altura em que os guardas levantam a perna esticada, bem acima da cintura. Mais do que o som, o que impressiona mesmo é o visual, que pode ser conferido até mesmo entre uma troca e outra, já que dois soldados paramentados ficam o tempo todo posicionados em frente às respectivas guaritas, estáticos, impávidos, com um fuzil apoiado no chão. Nos pés, os sapatos com solados de pregos, que só não intimidam mais porque levam na ponta um vistoso pompom escuro. Do tornozelo até o joelho, uma polaina branca muito esticada. Dali para cima, uma espécie de meia-calça grossa que sobe, sobe e se esconde por baixo de uma saia plissada, também branca. Sim, como acontece na Escócia, com os tradicionais kilts, na Grécia saia é vestimenta unissex, pelo menos para o antigo regimento de infantaria real, hoje guarda presidencial. O uniforme segue com uma camisa de mangas compridas bufantes, encimada por um colete escuro com bordados brancos e prateados. Na cintura, duas cartucheiras presas a um cinto preto lembram pochetes. Na cabeça, uma vistosa boina vermelha de onde pende uma longa borla arrematada por fios de seda negra.

De acordo com os historiadores, o complexo uniforme remete às vestimentas dos cleftes, combatentes de uma organização guerrilheira grega, cujos integrantes ficaram conhecidos pela bravura e o destemor no enfrentamento dos ocupantes otomanos. No período em que os turcos dominaram a Grécia, os cleftes foram para as montanhas da região norte do país, de onde desferiam ataques certeiros contra as forças do império. Além disso, eles também foram fundamentais na guerra de independência grega, na primeira metade do século XIX. Tão fundamentais que viraram praticamente símbolos nacionais.

Essa Grécia que saiu da guerra independente, e monárquica, é apenas uma das encarnações de um país cuja história é longa e rica, com a qual temos contato, todos, de uma forma ou de outra. Quem não lembra da fala do personagem de Wagner Moura em *Tropa de elite*: "Estratégia, do grego *stratēgía*..."? Ou de algum professor explicando que "fotografia" é "escrita da luz", sendo *photos* o mesmo que "luz" em grego, e *graphe*, "escrita"? Ou, ainda, com o estudo dos filósofos pré-socráticos, socráticos, a mitologia e mais? Ainda nas salas de aula estudamos as origens da democracia, mais uma palavra de origem grega, que pode ser traduzida com o "governo do povo" — mesmo que nem a democracia original fosse tão democrática assim, já que aceitava a figura do escravo.

Essa Grécia, que lutou, com os cleftes e seus saiotes, contra a opressão otomana, desaguou numa monarquia imposta nas negociações em que o Império Turco foi redividido. O trono chegou a ser oferecido a vários nobres europeus, caindo finalmente no colo de um alemão, o príncipe Otto da Baviera, que assumiu o título de Otto I, rei da Grécia. Reinou por trinta anos e foi deposto. No lugar dele, um rei grego? Ainda não. Um plebiscito foi feito e o nobre inglês Alfred, duque de Edimburgo, foi eleito pelos futuros súditos. Mas declinou. Outros candidatos fizeram o mesmo até que o príncipe Guilherme, da Dinamarca, que só tinha amealhado seis míseros votos no plebiscito, topou. Foi aclamado Rei dos Helenos pela assembleia grega e ficou no trono até ser assassinado, em 1913. A monarquia ainda seria abolida e restaurada duas vezes até ser definitivamente encaminhada aos livros de história em 1973. Esse interregno enciclopédico, tão ou mais confuso do que o uniforme dos guardas, é só um exemplo da complexidade da história desse país apaixonante. Se tudo isso aconteceu em algumas décadas, faz sentido que tenhamos ainda hoje historiadores cada vez mais especializados em tentar decifrar o que aconteceu na Grécia, e como, desde a Antiguidade. E que haja ainda tantas perguntas sem repostas.

Pensando no exemplo grego, lembrei mais uma vez que não faz nenhum sentido definir um país ou um povo por apenas um momento na história. Cansamos de ouvir que o Brasil é isso, o Irã aquilo, como se, por essa raça definidora e definitiva, não pudessem ser outra coisa. Que o povo francês é assim, o americano, assado. Mas quanto mais a gente estuda e tenta aprender, mais a gente constata que só tem uma característica constante e certa nessa nossa caminhada humana, a transitoriedade mutante, que Raul Seixas um dia chamou de metamorfose ambulante.

Viajar pela Grécia a trabalho acaba multiplicando por muitas vezes a quantidade de informações que você se obrigaria a guardar numa despretensiosa viagem. Isso é verdade para praticamente qualquer destino, mas dá para dizer que, num lugar como Atenas, por exemplo, é ainda mais verdade. Como jornalista, eu era impactado a todo instante pelas imagens, sons e cheiros do choque entre a Grécia antiga e a moderna. A equipe parava para comer algo no bairro boêmio de Plaka, olhava para cima e lá estava o Parthenon, de mais de dois mil anos. Entrava numa estação de metrô e se deparava com relíquias arqueológicas reveladas nas obras de expansão do sistema público de transportes para a Olimpíada. Virava uma esquina, dava num anfiteatro onde séculos atrás *Antígona* era encenada. Andava mais um pouco e, na vitrine de uma loja de doces, via uma porção de filhós... Opa! Filhós, na Grécia? Vou precisar abrir mais uma explicação.

Filhós é um doce português, mas que só comi no Recife e só no período do Carnaval. Um doce, por assim dizer, sazonal. Consiste em bolinhas de massa fritas no óleo quente e comidas com mel de açúcar. Não é mel de abelha, não é melado de cana. É o mel translúcido obtido do açúcar recém-derretido. Se passar do tempo, vira caramelo ou açúcar queimado. Pois fora Pernambuco no verão, quando ganhava filhós da minha tia Mem, só comi a iguaria na Grécia. Por lá são conhecidos como *loukoumades*, e a única diferença deles para os filhós é que, na tradição grega, são comidos com mel de abelha e canela. Fora isso é a mesma coisa. Fuçando aqui e ali, descobri que os *loukoumades* são talvez a mais antiga sobremesa grega. A história registra que as bolinhas eram dadas como prêmios aos vencedores de provas dos jogos olímpicos da Antiguidade. Viu? Tudo se encaixa.

O que se encaixa menos, talvez, mas vale a pena citar, é reencontrar Brizola em qualquer birosca grega. Não o Leonel, que fez história na política brasileira a partir da metade do século XX, do Rio Grande do Sul ao Rio de Janeiro, deixando órfãs legiões de admiradores e críticos vorazes. Brizola é o jeito grego de preparar costeleta de porco, grelhada no azeite com batatas. Criança, eu não entendia muito do que riam os adultos falando nisso. Adulto, não pude deixar de sorrir lembrando.

Se tive essas surpresas, tive também confirmações, como a da qualidade do iogurte — ainda que essa forma de consumir leite fermentado venha dos Bálcãs e que a origem da palavra seja turca, me parece que os gregos dominaram a arte de fazer iogurte de tal forma que ficaram imbatíveis no quesito cremosidade e sabor. Para completar, o mel grego é dos melhores do mundo, se não o melhor. Já ouvi maravilhas do mel do Iêmen, mas não tive a chance de conferir. Ainda.

Pensei que fosse listar mais uma inacreditável coincidência ao citar que encontrei, e comi, o velho e bom arroz-doce na Grécia. Qual nada, alguns minutos de pesquisa mostram que o grego rizógalo (arroz com leite) é apenas a variação local de uma sobremesa encontrada em praticamente todos os países do mundo onde se come arroz.

Fechando esse interregno gastronômico, mais uma informação dessas que chamam de desambiguadora, para tirar qualquer dúvida: aquilo que muitos de nós no Brasil chamamos popularmente de "churrasquinho grego", o sanduíche recheado com carne cortada na hora daquele característico espeto com muitas fatias sobrepostas, que gira na vertical e espalha seu aroma num raio de dezenas de metros, não tem nada a ver com a Grécia. Esse lanche, que é bastante comum em São Paulo, que faz furor na Alemanha e é uma opção barata em Paris, é, na verdade, um prato turco. Sabendo da histórica rivalidade entre os dois povos, vale registrar e avisar.

Ao mesmo tempo em que reencontrava lembranças e buscava entender aquele país, em ebulição com a proximidade da mais importante competição esportiva do planeta, também precisava pensar com a equipe em horários, marcações, roteiros a preencher, gravações a fazer, nesse trabalho de formiguinha de construir uma narrativa com sentido e alguma abrangência. Um turbilhão de informações, sensações e referências quase tão difícil de traduzir quanto aquele alfabeto que torna a mais simples palavra um enigma cheio de possibilidades. Aliás, "enigma" vem do grego *aínigma* e pode ser traduzido como "adivinhação".

Está tudo junto e misturado, da fantástica mitologia, que me foi apresentada, como deve ter sido a muitos brasileiros, por Monteiro Lobato e a turma do Sítio, às disputas históricas com a Turquia que têm ainda hoje um ponto de inflexão no Chipre, ilha dividida meio a meio entre as comunidades grega e turca. Das imagens em preto e branco de Anthony Quinn dançando ébrio em *Zorba, o grego* ao som do *bouzouki* — que tomo a liberdade de chamar de cavaquinho grego — aos tristes registros dos milhares de refugiados que chegaram nos últimos anos a ilhas gregas, fugindo da fome e da guerra. Da mais típica salada com queijo feta e azeite local à briga da atriz de *Nunca aos domingos*, cantora, militante política e ministra da Cultura, Melina Mercouri, pela devolução dos Mármores de Elgin, surrupiados do alto da fachada do Parthenon no século XIX por exploradores britânicos. Isso sem falar das turbulências políticas dos últimos anos, com o fortalecimento do movimento de ultradireita com tintas neonazistas Aurora Dourada às sucessivas crises econômicas que marcaram e marcam o país nos últimos anos. Está tudo lá, e muito mais.

No pequeno hotel de Atenas onde nos hospedamos, nenhum luxo, mas no apertado terraço da cobertura, tínhamos tudo o que uma equipe de TV pode desejar para deixar clara para os telespectadores sua presença na cidade: a vista da Acrópole, a mítica formação rochosa, símbolo da capital, onde fica o Parthenon, pano de fundo perfeito para qualquer registro com a repórter em primeiro plano. É bem verdade que não chega a ser nenhum feito, pois a Acrópole pode ser vista de muitos bairros de Atenas, mas ok, fizemos a nossa parte.

Agora, a Grécia dos preparativos para os Jogos tinha pouco a ver com o país exuberante e majestoso que o mundo veria na Olimpíada do mês de agosto seguinte. Era bem mais confusa, poeirenta e complicada, mas talvez também mais verdadeira. Uma visita às obras de reforma do percurso da maratona, por exemplo, era também uma viagem no tempo. Mas era difícil vislumbrar em meio aos tapumes e às máquinas que aquela estrada comum, entre a cidade de Maratona e Atenas, a pouco mais de quarenta quilômetros dali, tinha sido o ponto de partida da desabalada carreira do soldado Fidípides em 490 a.C., quando ele foi levar para a cidade a notícia da heroica vitória das forças atenienses numa batalha contra os inimigos persas. A estátua do veloz mensageiro, construída no local aonde ele teria chegado, valeria o registro. Mas também estava coberta de tapumes, sendo reformada para os jogos. Simples exemplos de como a missão dos jornalistas muitas vezes é marcada por várias pequenas frustrações. Nada comparável, claro, ao destino do próprio Fidípides que, segundo registra a história, morreu de cansaço logo depois de dar a notícia da vitória.

Como pequenas conquistas também valem, essa viagem, você vai vendo, me deu a chance de reencontrar a Grécia das minhas lembranças de menino. Ao rever o Parthenon lembrei logo do meu avô paterno, Euclydes, que sempre detestou o nome grego com o qual fora batizado, mas que adorou visitar Atenas com minha avó Maria, meu pai, a nora e os netos. Seu Lins nasceu em Palmares, cidade da Zona da Mata Sul de Pernambuco, que já foi conhecida como "a Atenas pernambucana" por ser terra onde, dizem, sempre se prezou a poesia, como na Grécia antiga; e dona Maria era natural de Areia, no Brejo Paraibano, mulher forte e cozinheira espetacular, no coração do mundo ocidental. A foto dos meus avós, tirada a pedido deles, diante de uma placa de mármore toda escrita em grego, como se estivessem lendo e entendendo, é dos belos registros que tenho dos dois, uma imagem das voltas que o mundo dá.

Outra referência que tinha da Grécia, e que outros sempre poderão ter, era a da passagem pelo país de Asterix, o pequeno grande herói gaulês, e seu inseparável companheiro de aventuras Obelix. A obra em quadrinhos dos franceses René Goscinny e Albert Uderzo ainda hoje pode ser encarada como uma pequena introdução ilustrada à história da Olimpíada. Eu só pensava em *Asterix e os jogos olímpicos* quando chegamos às ruínas do complexo onde os jogos nasceram na Antiguidade, na cidade de Olímpia, no sul do país. É preciso muita imaginação, talvez a imaginação de uma criança, para ver naquelas extensões gramadas, salpicadas de escombros e estruturas semidestruídas pelo tempo, os lugares onde os atletas de toda a Grécia Antiga mediam forças e confrontavam habilidades. O sítio arqueológico do *Stadium*, perto do que restou do templo dedicado a Zeus, pode ser compreendido com menos esforço. A pista de corrida está visível e demarcada, e é ali que a cada quatro anos se acende a chama olímpica dos jogos dos tempos modernos, recriados no final do século XIX pelo barão de Coubertin. Para quem gosta de esportes, de história ou de quadrinhos — ou de tudo isso junto, como era meu caso —, é um cenário de emoção das grandes.

Num outro patamar, como se diz, mas também bastante emocionante, pela mistura de ficção e história, foi a visita ao Palácio de Cnossos, na ilha de Creta. Note que eu não escrevi ruínas, mas palácio, porque ali, onde acredita-se ter sido a morada do rei Minos, foram construídos grandes trechos de novas e complexas estruturas, ainda que não seja possível afirmar com toda a certeza que elas de fato reproduzem o projeto histórico. De acordo com a mitologia — onde a realidade ganha fluidez —, naquele palácio também ficava o labirinto do Minotauro. Criatura com corpo de homem e cabeça de touro, o Minotauro teria sido gerado pela mulher de Minos depois que ela teve uma paixão avassaladora por um portentoso touro branco. Calma, o bestialismo foi involuntário, digamos assim, fruto da tal fluidez mitológica.

Antes de se tornar rei, Minos havia feito um acordo com o deus Poseidon: em troca de assumir o trono e a coroa de Creta, ele deveria sacrificar seu touro. O animal, porém, era o orgulho de Minos, que não quis sacrificá-lo e abateu outro no lugar. Agora, se enganar ser humano nem sempre é simples, enganar um deus é tarefa mais complexa ainda. Poseidon descobriu a farsa e, como vingança, fez a rainha se apaixonar pelo touro. Com o nascimento da criatura híbrida, Minos mandou Dédalos e o filho dele, Ícaro, construírem um intrincado labirinto para prender o Minotauro.

Pulando da mitologia para a história, as ruínas do palácio foram descobertas na segunda metade do século XIX por um comerciante e antiquário da ilha, também arqueólogo amador. Depois, exploradores britânicos encontraram novas estruturas. Estudiosos franceses foram chamados para tentar reconstruir o palácio e reconstituir alguns de seus ambientes, como a sala do trono. O problema é que ninguém sabia exatamente como eram aqueles interiores. O que encontramos e qualquer visitante encontra, inclusive os belos afrescos supostamente restaurados, pode ter mais a ver com a cabeça de um francês do que com a genialidade dos artesãos da era minoica.

Reescrever a história é sempre complicado. Quando essa história se mistura com mitologia, então... A nós, cabia fazer os devidos registros, e coube depois, na edição, usar muitos verbos no condicional. "Aqui teriam vivido", "Estas ruínas seriam"... E nesse labirinto de informações, suposições e crenças, nos esgueiramos, evitando os monstros da soberba e das certezas impossíveis, sem perder o fio da meada.

Mais objetiva foi a análise que tivemos que fazer da indústria do turismo da Grécia àquela altura. O setor várias vezes foi responsável por cerca de 20% do PIB grego, e mesmo quando o país viveu crises importantes, ou até principalmente durante essas crises, foi dos poucos que ainda geravam alguma riqueza. É claro que, com o advento de um fenômeno como a pandemia de coronavírus em 2020, ficou mais complexo fazer qualquer análise de conjuntura e ainda mais projeção econômica.

Naqueles meses que antecederam a Olimpíada, não tinha nada disso. E lá fomos nós, para uma breve visita a Mykonos. Mais uma ilha de cartão-postal, só que bem mais conhecida e bombada do que a Skopelos da minha infância e de *Mamma Mia*, Mykonos integra o arquipélago das Cíclades, na região central do mar Egeu, e é um dos destinos preferidos dos visitantes internacionais. Mas estávamos fora de temporada e pegamos dias chuvosos, o que não é exatamente o mais comum dos climas por ali. Deu para fazer imagens das praias de Paradise e Super Paradise e imaginar como era o movimento ali na alta temporada. Também deu para registrar um belíssimo entardecer perto de um farol, além dos característicos moinhos da ilha, que as imagens do Serginho valorizaram muito. Ainda conseguimos encaixar uma ida a Delos, pequena ilha das vizinhanças, de acordo com a mitologia, local de nascimento de Apolo, deus da beleza, e Ártemis, a deusa da caça. Delos foi uma próspera cidade, como indica o seu enorme parque arqueológico, com vasto material dórico e jônico, que me fez lembrar das aulas de história da arte no bacharelado em artes cênicas que cheguei a começar quando já trabalhava com jornalismo, mas nunca concluí. As artes dramáticas podem ter perdido um ator. Não está claro como se deu a decadência de Delos, que, com o tempo, passou a ser um dos passeios possíveis, para turistas e jornalistas que visitam Mykonos.

Na volta a Atenas, ainda teríamos tempo para documentar a evolução das obras na vila olímpica e a finalização da construção de alguns estádios. Depois dos jogos, surgiram aqui e ali denúncias de superfaturamento, mas nada da dimensão do que aconteceria nos jogos do Rio, em 2016. Isso para não falar do legado. A Atenas de antes dos jogos era uma, a que apareceu durante e depois, outra. Ainda com problemas, claro, de poluição e ocupação desordenada em algumas regiões. Mas com uma infraestrutura muito melhor, principalmente nos transportes. Resultado de um projeto feito para aparecer, mas também para durar.

Pensando melhor, aquela visita à ilha de Mykonos, com chuva e poucos turistas, se não chegou a ser um mico, foi quase, foi um Mykonos, só para não perder o infame trocadilho.

Mas a viagem foi produtiva, conseguimos material de sobra para todos os programas e matérias e muito mais até. Ao mesmo tempo, o registro do que vimos em Atenas e aquela lembrança da ilha voltaram a me fazer pensar, como aconteceu em tantas outras viagens, na importância de um projeto de planejamento para um trabalho, uma cidade, um país.

Tirando os empreendimentos imobiliários mais recentes, a arquitetura da parte histórica da ilha de Mykonos remetia a um sem-número de outras ilhas gregas. Casinhas brancas, ruelas em degraus se espalhando pelas encostas, igrejas ortodoxas. Tudo muito funcional, aconchegante e convidativo. Corta. Anos depois dessa viagem à minha infância e à Grécia do passado, do presente e do futuro, entrevistei o urbanista Alexandros Washburns, que trabalhou com o então prefeito de Nova York Michael Bloomberg em uma série de projetos de revitalização da chamada "capital do mundo", na esteira dos atentados de 11 de setembro de 2001. Entre os mais conhecidos desses projetos está o High Line, um parque suspenso, com um entorno vibrante, criado a partir do reaproveitamento de uma antiga via expressa nova-iorquina. Estávamos em São Paulo, algumas horas antes eu tinha entrevistado outro urbanista, responsável pela remodelação de Cingapura, mas aí num ambiente autoritário, sem maior participação da população nas decisões. Já Alexandros, que, como o nome pode fazer suspeitar, é filho de mãe grega, falava da importância de um bom planejamento urbano e de atender aos anseios e necessidades da população. Mais especificamente, falava das favelas que tinha visto naquela visita ao Brasil, que não era a primeira.

Para ele, as favelas estão entre os principais traços do nosso urbanismo. Citava como exemplo Paraisópolis, colada no Morumbi, bairro de classe média alta da maior cidade do país. Poderia ter falado da Rocinha ou do Vidigal no Rio, ou de outras comunidades espalhadas por pequenas, médias e grandes cidades brasileiras. Alexandros falou do choque dele em ver duas realidades tão distintas e tão desiguais lado a lado, mas em nenhum momento demonizou a comunidade, nem defendeu sua remoção. Longe disso. A exemplo de uma vasta corrente de urbanistas, cientistas políticos, ativistas, lideranças comunitárias, o urbanista americano parecia ver a favela não como problema, mas como parte de uma solução para a cidade. Alexandros disse que, olhando para a favela de Paraisópolis, só conseguia lembrar do vilarejo grego na ilha onde a mãe dele tinha nascido, e onde ele costumava passar férias. E disse mais: comparando Paraisópolis com um vilarejo numa idílica ilha da Grécia, é possível encontrar muitas semelhanças. A dimensão humana das construções, as ruelas e os becos com largos degraus ou escadas estreitas, as soluções engenhosas para o aproveitamento de espaços pequenos, a construção em encostas, a convivência de áreas comerciais e residenciais, a vida comunitária, marcada por cooperação e solidariedade, o convívio nas ruelas. Tem muita coisa parecida. Mas, prosseguiu, não basta pintar as favelas brasileiras de branco para ficarem ainda mais parecidas com os vilarejos gregos. Porque há diferenças gritantes, como a infraestrutura precária das comunidades de baixa renda brasileiras, onde imperam a carência ou precariedade dos serviços mais básicos, como água, luz e esgoto, e a notável ausência do Estado.

Enquanto o vilarejo grego, e também o Morumbi, têm toda uma infraestrutura, desenvolvida e adaptada ao longo de décadas, favelas como Paraisópolis têm muito pouco, quase nada. Na falta de planejamento e na ausência de um poder público atuante, o vácuo é ocupado por quem tem poder e não hesita em atuar. Mesmo que para isso precise desenvolver uma peculiar, frequentemente injusta, quando não claramente violenta estratégia. Do grego, *stratēgía*. Com isso, vai se inviabilizando o fortalecimento de um sistema político e de participação popular que mereça ser chamado de democracia, palavra que como sabemos, também vem do grego.

Baidu 百度
RÚSSIA
ULAANBAATAR
MONGÓLIA
Harbin
Changchun
JILIN
Ürümqi
NEI MONGOL
Shenyang
LIAONING
XINJIANG
Hohhot
BEIJING
HEBEI
Tianjin
Shijiazhuang
Bo Hai
Taiyuan
SHANXI
SHANDONG
Jinan
Mar Amarelo
Indian claim
Aksai Chin
Zhengzhou
HENAN
JIANGSU
ANHUI
Nanjing
SHANGHAI
Shanghai
Hefei
XIZANG (TIBET)
HUBEI
Wuhan
CHONGQING
Hangzhou
ZHEJIANG
NEPAL
Lhasa
BUTÃO
KATHMANDU
THIMPHU
Chongqing
Changsha
HUNAN
Nanchang
JIANGXI
Fuzhou
FUJIAN
Taipei
Taiwan
GUIZHOU
Guiyang
ÍNDIA
BANGL.
DHAKA
Kunming
YUNNAN
GUANGXI
Nanning
GUANGDONG
Guangzhou
Hong Kong
Macau
MYANMAR
HANOI
Nay Pyi Taw (administrative capital)
Baía de Bengala
LAOS
Haikou
Golfo de Tonkin
HAINAN
Hainan Dao
Mar da China Meridional
VIENTIANE
RANGOON
VIETNAM
TAILÂNDIA
BANGKOK

Kung Fu Panda e a humildade diante de um gigante

Não tinha como. Tentava manter a seriedade, pelo menos diante dos outros integrantes da equipe e dos entrevistados, mas era mais forte do que eu. Fosse em Beijing, a grande capital centralizadora das decisões no norte do país, em Xangai, a capital financeira da China, no centro-leste, ou Shenzhen, o porto e grande centro industrial do Sul, vizinho de Hong Kong e não longe de Macau, a ex-colônia portuguesa. Em qualquer uma das cidades por onde andei nessa viagem, onde quer que eu estivesse, havia um momento em que alguma particularidade, algum detalhe, uma expressão, um prato, um templo, alguma coisa, me fazia lembrar de uma das minhas grandes referências sobre assuntos chineses naqueles anos: *Kung Fu Panda*.

Ok, devo reconhecer que, alguns anos antes, uma ideia de China foi se formando na minha mente, baseada no que havia aprendido em dois livros da série As Aventuras de Tintim (que conheci como Tintin, "tam-tam", em francês, por força das circunstâncias), o repórter criado pelo belga Hergé em 1929: *O lótus azul*, que traz, entre muitos registros, o de um momento em que o destemido jornalista consumiu ópio, e *Tintim no Tibete*, sequência do anterior. Só muito depois eu descobrira o lado menos simpático do pai de Tintim, incluindo uma mal explicada relação com os ocupantes nazistas durante a Segunda Guerra. Mas deixo registrado que fui apresentado à China por Tintim, seu fiel Milu, o capitão Haddock, os irmãos Dupont e Dupond e toda a turma.

Naquela viagem, no entanto, a referência mais fresca, fora dos livros de história, de biografias e fontes jornalísticas, era mesmo *Kung Fu Panda*.

Não era para menos. A animação dos estúdios DreamWorks, parte de uma onda de megaproduções que ambicionava abocanhar um naco do bilionário mercado do gigante asiático, era um simpático amontoado de informações sobre a China. É bem verdade que era uma China medieval idealizada, bem anterior à China de Mao, pós-1949, do partido único e onipresente, berço do capitalismo de Estado. Mas era uma China que, mesmo ficcional, podia, em boa medida, ser reencontrada no cotidiano daquele que já se apresentava como o único país realmente capaz de rivalizar com os Estados Unidos como superpotência mundial.

Com uma história que remonta a mais de quatro mil anos atrás, esteve sempre óbvio que a China jamais poderia ser compreendida, muito menos explicada, numa viagem só. Não daria para fazer isso em um ano, talvez nem mesmo em uma vida. Ter essa consciência ajudou, já que em nenhum momento tive a menor pretensão de abranger aquele gigantesco volume de informação histórica, cultural e econômica nos programas e reportagens que tínhamos que produzir nas três semanas de um intenso périplo por aquele país gigantesco e surpreendente. Era um olhar brasileiro sobre aquela parte do mundo, alguns recortes e contextualizações.

Para a empreitada, que deveria produzir material para mais uma etapa de uma grande série sobre os Brics — e mais o que desse —, reunimos o repórter cinematográfico e amigo Flávio, o técnico Douglas e a produtora Aline. Esta última garantiu de vez o lugar na viagem por ser fluente em mandarim, resultado de alguns anos vividos em Xangai estudando. E foi ela que, em um dos primeiros momentos da viagem, me fez lembrar do fofíssimo urso branco e preto da animação de 2008, que tanto sucesso fez no mundo todo.

Logo nos primeiros dias em Beijing, notei que toda vez que a Aline queria chamar a atenção do nosso motorista, dizia "*Shifu!*". Uma, duas, três, muitas vezes. Demorei um pouco a perguntar, mas não me segurei: "O que quer dizer *shifu*?" "Mestre", me respondeu ela, com toda a simplicidade do óbvio. Portanto, chamar o motorista daquela forma equivalia a chamá-lo de chefia, meu nobre, algo do gênero, do mesmo jeito que fazemos no Brasil. Mas perguntei o significado da palavra porque tinha lembrado que Shifu era o nome do vetusto panda vermelho, venerável mestre do personagem principal do filme. Na versão brasileira, acharam por bem não traduzir. Ou seja, no Brasil optou-se por chamar o mestre de mestre. Então, dizer "Mestre Shifu" equivalia a dizer "mestre mestre".

Este foi o primeiro de muitos ensinamentos que tive nesta jornada, pequeno gafanhoto. Outro teve menos a ver com a China e mais com a renovada constatação de que o mundo dá voltas, e em torno de si mesmo. Foi uma lição musical.

A música "Kung-Fu Fighting" fez enorme sucesso na voz do jamaicano Carl Douglas a partir do momento em que foi lançada, em 1974. Exemplo da mais autêntica música disco, com toques na introdução que se pretendiam asiáticos, a canção foi produzida pelo indiano Biddu, estourou nas paradas de sucesso e foi uma das minhas músicas preferidas na infância, nos anos em que morei fora do Brasil (informações adicionais sobre esse tempo, no último capítulo). Pois "Kung-Fu Fighting" ganhou uma nova versão, de CeeLo Green e Jack Black, que foi carro-chefe da trilha sonora de *Kung Fu Panda*, e, quase trinta anos depois de ser lançada, voltou a fazer sucesso, agora entre as novas gerações mundo afora.

A exemplo do que aconteceu com o visual do filme, mais uma vez, era um pastiche, um arremedo daquilo que os produtores queriam dar a entender que remetia à riquíssima, e pouco conhecida entre nós, música chinesa, mais uma vez surfando numa onda pop. Naqueles anos 1970 do século passado, a música de Carl Douglas veio a reboque do sucesso dos filmes centrados em artes marciais, que tiveram em Bruce Lee sua estrela maior. Californiano, Bruce Lee era filho de chineses. A mãe, natural de Hong Kong, tinha ascendência chinesa e alemã; o pai, nascido em Junan, na China continental, constituiu família e fez carreira na antiga possessão britânica de Hong Kong como cantor da tradicional ópera cantonesa. Tudo isso misturado deu em Bruce Lee, que, além de ator, foi instrutor e lutador de artes marciais, escritor, cineasta e filósofo. Última curiosidade nesses longos parênteses: Bruce Lee morreu aos 32 anos — sim, muito jovem —, em 1973, um ano antes do lançamento do hit "Kung-Fu Fighting".

O mundo dá voltas, e nessas voltas que o mundo dá chegamos a Shenzhen naquele já distante 2014. Ah, sim, favor não confundir com Chen Zhen, o protagonista de A *fúria do dragão*, de 1972. Bom caráter, simples, justo, exímio lutador, ele passa o filme buscando vingar a morte de seu mestre. E o protagonista é interpretado por... Bruce Lee. A produção era em Hong Kong, pertinho de Shenzhen (pronuncia-se Chen-Djen).

Mas, na época em que o filme foi lançado, a cidade tal qual a conheci, vibrante, cheia de largas avenidas e arranha-céus, um dos polos financeiros da Ásia e berço da indústria tecnológica chinesa, a cara do progresso, não passava de um vilarejo de pescadores. Hong Kong, não. Hong Kong, ainda colônia britânica, já era Hong Kong. Grande polo comercial e financeiro, vitrine ocidentalizada exibindo suas luzes para uma República Popular da China ainda engatinhando na industrialização e na tecnologia de ponta. Acredite em acaso geográfico se quiser, eu não. Pois o fato é que foi exatamente ali do lado que, no final da década de 1970, começou a nascer essa nova cidade, que conheci já bastante crescida e muito vistosa. Uma obra construída a toque de caixa por milhões de chineses, saída dos planos viabilizados pelo governo da província de Cantão, a partir das diretrizes de uma política decidida lá no norte, em Beijing, de reforma e abertura da economia, tendo à frente o homem forte do Partido Comunista Chinês, Deng Xiaoping, que ganhou força, prestígio e poder a partir da morte do "grande líder" Mao Tsé-Tung (ou Mao Zedong), em 1976.

Para os mais novos, não custa lembrar, rapidamente, que Mao foi o grande timoneiro da revolução de 1959, que abriu o caminho para transformar a China, de um país rural e pobre, num experimento de socialismo real que desaguou num sistema híbrido de capitalismo de Estado com partido único. Que abriu o caminho para fazer da China (ou de devolver-lhe um papel que já havia sido dela em circunstâncias bem diferentes e muitos séculos antes) uma potência econômica e militar, capaz de disputar o posto de número um do mundo com os Estados Unidos. Ao longo desse caminho, teve enfrentamentos das profundas desigualdades, mas também perseguição implacável a críticos do novo regime. Teve rumorosos casos de abuso de poder e corrupção, e, ao mesmo tempo, avanços impressionantes nos indicadores de desenvolvimento humano, educação, urbanização e industrialização. Teve também sucessivas ondas de inovação tecnológica e a expansão de um modelo de crescimento que só não avançou mais do que a capacidade do país de poluir e se tornar uma ameaça ao próprio progresso.

Mao morreu em 1976 e, em 1978, Deng, que acumulava vitórias, mas também derrotas e períodos de ostracismo e perseguição no cenário político chinês, passou a comandar os destinos da China. Ele redobrou esforços para garantir a modernização e a abertura econômica, com forte ênfase na industrialização, na agricultura, na tecnologia e na atração de investimentos diretos do exterior.

Em Shenzhen, isso representou uma explosão de crescimento, em todos os sentidos, mas principalmente para os lados e para cima.

Em 1979, mesmo ano em que Deng visitou os Estados Unidos, a cidade tinha menos de cinquenta mil habitantes. Em 2014, 35 anos depois, já contava 12 milhões, com a região metropolitana abrigando perto de vinte milhões de pessoas, a imensa maioria atraída ou incentivada a se mudar para ali pelo governo.

O fato de se ouvir muito mais mandarim — a língua de Beijing e idioma unificador do país — do que o cantonês local apenas confirmava que aquela era uma cidade construída a partir de sucessivas levas de migrantes internos.

Um dos resultados notáveis desse processo, do tipo que alimenta muitos questionamentos óbvios para quem vê a China como um país comunista, é que Shenzhen se consolidou, entre outras coisas, como uma das cidades com as maiores concentrações de bilionários do mundo. Na lista das cinco cidades com mais moradores bilionários, quatro ficam na China: Beijing, Xangai, Hong Kong e a própria Shenzhen. Completa o grupo uma tal de Nova York, também chamada de capital do mundo, mas ninguém garante que isso não possa mudar, ainda mais no pós-pandemia, com a China se recuperando mais rápido e voltando a crescer antes do restante do mundo. Ranking de concentração de bilionários é o tipo da informação aparentemente trivial, que poderia ficar circunscrita ao noticiário de fofocas, ávido por glamorizar os excessos do consumismo, sobretudo se for consumismo num país comunista. Mas é o tipo de dado objetivo e facilmente assimilável, que pode nos fazer pensar, mais uma vez, sobre conceitos como centro e periferia. Com um mínimo de humildade, bom senso e realismo, não é difícil concluir que, diante do gigante chinês, quase tudo o mais no mundo é hoje periferia. Claro, os Estados Unidos estão aí mesmo para relativizar essa avaliação, e com razão — ainda são a potência a superar, e os chineses parecem ter essa fixação. Mas tirando eles, os periféricos somos muitos, somos quase todos os outros.

Não faltam dados, imagens e histórias para corroborar esse fato do nosso tempo. As informações, curvas, resultados por períodos, estão à disposição em qualquer pesquisa na internet, mesmo na China, onde a circulação das informações e o acesso a elas é rigidamente controlado. Não que em outros países não seja, mas na China isso é escancarado como política de Estado, e nem as grandes empresas do Ocidente que controlam navegadores, redes sociais e grandes sites de compras conseguem superar a nova Grande Muralha da China, a muralha virtual. Mas sempre aparece um ou outro buraquinho por mais pesada que seja a estrutura. É possível, eventualmente, mesmo em território chinês, furar essa muralha usando serviços que dão a impressão que você está navegando na rede não da China, mas de outro país. Obviamente, o governo fica em cima e, sempre que pode, tapa uma dessas brechas. Mas logo abrem-se outras. Para o grosso da população, isso nem faz tanta diferença assim. Compra-se com grande agilidade pela internet. Em Xangai, tive a experiência de ver a entrega de uma peça de câmera ser feita no nosso hotel, poucas horas depois da compra. Os sites de busca funcionam, assim como bombam os sites de relacionamento e de trocas de mensagens. Muitos deles quase como espelhos dos gigantes do Ocidente. O Baidu é o Google chinês, Alibaba, a Amazon local, e vida que segue. Mas para os mais inquietos, para os inconformados, que sempre existem, ainda mais numa população de mais de 1,4 bilhão de pessoas, para os ativistas políticos de Hong Kong, os artistas, os questionadores, os jornalistas independentes, escritores, para os dissidentes da China continental, as brechas são fundamentais.

Em Shenzhen, logo ficou claro que seria importante ter uma visão do todo — ou pelo menos do alto, para dar uma noção do todo — quando estivéssemos abordando temas relacionados à pujança econômica chinesa. Uma visão de cima sempre ajuda a situar o contexto, a escala. Por exemplo, do gigantesco terminal de contêineres do porto. Dos dez maiores terminais desse gênero no mundo, sinais típicos de vitalidade das trocas comerciais com o exterior, sete ficam na China. Completam a lista terminais em Cingapura, na Coreia do

Sul e nos Emirados Árabes Unidos. Só para insistir naquela noção de centro e periferia, Santos aparece na 37.ª colocação entre os cinquenta maiores do mundo.

Mas faltavam alguns elementos fundamentais para conseguirmos registrar as imagens daquela imensidão de cargas entrando e saindo: um drone, essa engenhoca voadora que virou febre nas produções audiovisuais dos últimos anos, mas que ainda nem era tão popular assim naquele momento; e, mais importante do que isso até, um documento que autorizasse nosso livre-trânsito naquele mundo de cargas. Mas burocracia é burocracia aqui ou na China. Tem um tempo todo próprio e caprichos eventualmente mais indecifráveis do que os caracteres da intrincada e bela escrita chinesa. Mais uma dose de informação que a China nos propicia o tempo todo. Há entre 48 mil e 85 mil caracteres ou sinogramas, dependendo do dicionário consultado. Mas calma, os linguistas garantem que se você dominar uns quatro mil, já será capaz de escrever um mandarim bastante razoável.

Sem a papelada (nem com os caracteres dominados), não conseguiríamos explorar o porto, mas com a astúcia e o profissionalismo do nosso intérprete, sim. Hao Guo, esse era o nome dele, já havia protagonizado um episódio interessante no nosso desembarque na China. Por algum motivo, o órgão do governo que disponibiliza, garante ou impõe intérpretes para as equipes de TV estrangeiras e jornalistas de fora tinha mandado dois desses profissionais nos recepcionar no aeroporto. Confusão talvez fruto de burocracia, que acabou produzindo uma discussão ríspida, que por pouco não descambou para o bate-boca. Foi assim que conhecemos a assertividade do Hao, e vimos que ele tinha lá seu jeito de resolver problemas práticos. Assim que foi superado o problema, ele me disse, num português muito bom, treinado numa passagem pelo Brasil, que era tão aficionado pelo futebol brasileiro que preferia ser chamado de Kaká. Sem razão para discutir, assim foi feito. Dias depois, diante daquele impasse em Shenzhen, Kaká não titubeou. Ele mesmo sabia que tínhamos vários documentos de liberação, infelizmente faltava a papelada do porto. Olhou em volta e sugeriu que subíssemos em algum dos muitos prédios de escritórios que foram ocupando as áreas além dos limites do porto, intercalados por estacionamentos e terminais de transporte. Aprovado o jeitinho chinês, demos umas voltas e escolhemos um prédio comercial. Depois de poucos minutos de um papo, esse sim amigável, com o pessoal da portaria, tivemos o acesso liberado ao terraço. Lá chegando, ainda precisamos exercitar alguns dotes de escaladores para alcançar o verdadeiro topo do edifício, um pouco acima do terraço, onde ficavam as antenas. Sobe um, pega equipamento, puxa outro, todos em segurança, ok. De lá dava de fato para ter uma noção bem melhor do gigantismo do terminal. Contêineres a perder de vista. Ao largo, muitos navios esperando para embarcar ou desembarcar suas cargas. Ali na frente, enormes guindastes para empilhar aqueles grandes paralelepípedos de aço colorido e depositá-los nas carretas, que não paravam de circular. Para completar o sucesso do registro, um belíssimo pôr do sol.

Ainda na esfera das confirmações, não que restassem muitas dúvidas sobre a inegável trajetória ascendente da China como força industrial e tecnológica inexorável, fomos conhecer um pouco mais da Huawei, que tem sua sede mundial em um grande complexo industrial em Shenzhen. Àquela altura, a Huawei já era um gigante nos projetos de infraestrutura de telecomunicações, e alguns especialistas no Ocidente até levantavam questões sobre a proximidade da empresa com os militares do país, setor de onde saiu seu fundador, mas o grande debate mundial sobre a quinta geração da internet, mais conhecida com o 5G, ainda não era uma discussão mundial, estratégica e comercial, com a magnitude que teria alguns anos depois. Naquele momento, os executivos que entrevistei na sede e os funcionários da empresa pareciam mais preocupados com outra coisa: deixar claro que tinha ficado definitivamente para trás a era do *made in China* como sinônimo de produto barato e de qualidade duvidosa.

A China que avançava pela segunda década do século XXI tinha muito orgulho de fabricar produtos com a mais alta tecnologia existente, capazes de rivalizar com toda e qualquer concorrência, principalmente a ocidental. Para fixar essas imagens na mente e nas câmeras dos visitantes, eles não mediam esforços. No nosso caso, com uma visita guiada ao showroom de uma subsidiária produtora de celulares, com a exibição dos últimos modelos acompanhada das respectivas e incensadas falas sobre seus recursos e qualidades. Seguida de um almoço num dos restaurantes do complexo arborizado onde fica o quartel-general da empresa. A conversa, que incluía um executivo inglês, um grupo de chineses e a nossa equipe, também versou basicamente sobre o salto qualitativo que a indústria local, especialmente no setor de tecnologia, tinha dado em poucas décadas, nos mercados que tinham sido abertos nos últimos tempos, começando pela vizinha Hong Kong, daí para parceiros asiáticos e, numa sequência lógica, para os maiores mercados do planeta. No caso daquela empresa, a localização estratégica da produção perto de um porto tão movimentado facilitava o escoamento, as trocas etc.

O papo só não se aprofundou ainda mais em detalhes, de grande interesse para a imagem corporativa mas tem tanto do ponto de vista jornalístico, porque fomos salvos da sisudez pelas alegrias que uma boa refeição sempre é capaz de proporcionar. E também porque nos sentamos em uma grande mesa redonda, que tinha no centro aquela bandeja circular de madeira, giratória, na qual as travessas eram depositadas. Cada um ia fazendo seu prato e se servindo ao longo da refeição. Logo percebi, entre várias iguarias, da terra e do mar, uma que me pareceu uma codorna assada. Perguntei, era um pombo, preparado de forma tradicional, muito apreciado na vizinha Hong Kong. Eu sabia que meu amigo Flávio, sentado à minha frente, tinha aversão à galinha e fiquei prestando atenção na reação dele ao saber que um dos pratos era pombo. Ele até disfarçou, mas ficou evidente que não tinha gostado nem da ideia, nem da imagem. Daí que, sempre que eu podia e conseguia — com uma insistência que alguns podem chamar de infantil, mas pode ser interpretada como lúdica e desanuviadora durante uma cansativa viagem de trabalho —, eu fazia questão de girar a bandeja de madeira para posicionar o pombo bem na frente dele. Eu provei, o pombo era gostoso, parecia uma codorna mesmo. Cheguei a achar que, para não parecer uma desfeita com os anfitriões, ele pudesse superar a repulsa e experimentar a iguaria. Mas, no fundo, sabia que isso não aconteceria. Então era mais pela graça mesmo. Principalmente quando ele se distraía na conversa com algum dos outros convivas, voltava a olhar para a mesa e se deparava com o pombo. Pois é, às vezes fazemos coisas singelas e tolas. Mas o rato de asas, que é como os pombos são chamados por seus detratores, pela capacidade de disseminar doenças quando malcuidados e mal alimentados (o que não era o caso), não foi a estrela daquele almoço. Pelo menos na minha opinião, o lugar de destaque ficou com um frango feito à moda de Sichuan.

Essa província do oeste da China tem outro nome em português, Sujuão, mas implico um pouco com ele, lembra Seu João, nada a ver com China. Tenho relação bem diferente com o nome de Taiwan, aquela que para o governo de Beijing é apenas uma província rebelde, mas que, para o governo local, é a China nacionalista que ainda haverá de se impor ao regime comunista da república popular. Pois Taiwan, em português, para quem não lembra, atende pelo simpático nome de Ilha Formosa, só que quase ninguém usa mais.

Mas voltando à culinária de Sichuan: a província é famosa pelas suas pimentas. E aquele prato, sim, com algum verdinho, talvez vagem, entre os pedaços de frango assados no ponto e muitos vermelhos das pimentas mais ardidas da China, aquele, sim, esquentou bem o almoço e fez todo mundo esquecer o pombo. E, não, o Flávio tampouco se dignou a experimentar o frango.

Já que adentramos a seara gastronômica, há muito tempo entendi que comida é um dos melhores caminhos para se conhecer uma cultura, um país, uma cidade, as pessoas, seus hábitos. Por isso, sempre acho que vale registrar as experiências vividas em mergulhos gastronômicos. Num país como a China, de rica e antiquíssima cultura, mais ainda. A culinária chinesa, nunca podemos esquecer, vai muito além do trivial frango xadrez. E talvez por ícones como esse, ou ainda o rolinho primavera, os caldos com massas de diversas denominações, que se espalharam pela Ásia e pelo mundo, os pastéis, o arroz colorido, por todos esses exemplos e muitos mais, a "comida chinesa" parece tão familiar no Brasil, nos Estados Unidos e na Europa. Mas tal como a conhecemos é uma criação ocidental, muitas vezes produto de adaptações feitas por chineses que se espalharam pelo mundo em busca de trabalho ou fugindo de perseguição política.

Na China, o que existe mesmo é a comida de cada região. Que eu me lembre, minha primeira referência de comida chinesa na vida era francesa. Quer dizer, era de um restaurante de Paris, que meu tio Sylvio, que viveu na cidade a partir do final da década de 1960, adorava. Ou, pelo menos, ele adorava levar a família lá, imagino até que a relação custo-benefício fosse boa e ajudasse na escolha. No Trépied de Chine (Tripé da China, talvez uma referência aos vasos de três pés, comuns na China Imperial como porta-incensos). Ali fui apresentado ao molho de soja e ao aconchegante rolinho primavera. Pré-adolescente, lembro dos restaurantes chineses que frequentei no Rio, em Laranjeiras e Copacabana, mas também dos intrigantes restaurantes chineses do Recife. Intrigantes pela quantidade e pela rápida multiplicação a partir do final da década de 1980. Um deles, num dos jardins, acho que o terceiro, de Boa Viagem, bairro em franca expansão naquela época, era parada obrigatória nas férias com os primos. Dali, minha prima Adriana, que depois viraria jornalista das boas — como o irmão dela, Fábio, e ainda outra prima, Carolina —, guardou uma receita de sopa de milho com ovo, muitas vezes repetida com sucesso na casa da minha tia Goia, mãe dela.

Passam-se mais alguns anos, eu morando em Londres, fui na dica do Ivan Lessa, grande figura da turma d'O *Pasquim*, autor de grandes crônicas, tradutor e responsável por um sensacional prefácio para uma reedição da obra-prima de Truman Capote, A sangue frio, pela Companhia das Letras. Era também crítico literário, faceta que exercitava semanalmente no Livros & autores, que começava com as primeiras notas de "Take Five", um clássico do jazz, na interpretação definitiva do quarteto capitaneado por Dave Brubeck. Pois ainda nos anos 1960, Ivan, em dado momento, encheu-se do Brasil, daquele Brasil e nele do Rio, amada cidade adotiva desses paulistanos, e foi viver para sempre na capital britânica. Para sempre com um intervalo, uma volta ao Brasil, para O Pasquim e os primeiros anos de vida da filha. Depois foi Londres na veia até a morte, com mais uma exceção: atendendo ao convite do amigo Sérgio Augusto, para escrever sobre o Rio que já não conhecia para a edição de estreia da revista Piauí. Um dos orgulhos, profissionais e pessoais, que levo na memória e junto ao peito é ter sido, por dois míseros anos, colega do Ivan na BBC. Tempo curto, mas suficiente para desenvolvermos se não uma amizade, um bom relacionamento, a ponto de ele ter gravado para mim uma fita cassete com trechos do imenso acervo musical e jornalístico que ele tinha levado do Rio para Londres, junto com a imagem cristalizada de uma cidade, um país, sobre o qual não alimentava mais esperanças. Era basicamente o registro de uma conversa entremeado por canções. A conversa tinha lugar na cobertura do escritor Rubem Braga, em Ipanema, e os presentes, entre eles Millôr Fernandes e o próprio Ivan, falavam de uma revelação da música brasileira daqueles dias, Milton Nascimento. Não me pergunte onde foi parar essa fita. Nem se pergunte, por favor.

Pois na Chinatown do Soho londrino, fechando essa divagação afetiva, ficava o restaurante preferido do Ivan. Ou pelo menos seu chinês preferido. Um chinês raiz onde o serviço era eficiente, ágil e seco. Não tinha essa história de escolher mesa. Quem chegava, era recebido por um funcionário ou funcionária, obviamente chinês ou chinesa que, no máximo, arranhava um inglês. Via quantas pessoas eram e as conduzia para uma mesa. Desocupada, ou não. Em termos de sociabilidade, às vezes funcionava, outras não. Mas a comida era boa e os preços, decentes. E o Ivan ficou sendo uma das minhas referências de culinária chinesa, por assim dizer, clássica.

    Curiosos mesmo eram os pratos regionais oferecidos numa feira de rua que funcionava até tarde em Beijing, perto do hotel onde nos hospedamos. Peixes, camarões, lulas, polvos grandes e pequenos. Mas também larvas, insetos de toda sorte, tipo e tamanho, para espanto dos estrangeiros e alegria dos chineses com o espanto dos estrangeiros. No meio de tudo, claro, escorpião no espeto. E lá fui eu experimentar, claro também. Uma certa decepção, confesso. Uma fritura muito salgada, com as patinhas e o corpo crocante, sem muito gosto característico. Ainda prefiro camarão, que já vi ser chamado de barata do mar, mas pelo menos tem sabor para além das patinhas crocantes quando frito. Para piorar um pouco, o escorpião, se bem me lembro, era mais caro do que o camarão. Não faz o menor sentido. Bem mais caro do que os dois, mas valendo cada yuan, ou renmimbi, foi um pato laqueado que nos foi servido num bom restaurante de Beijing.

    Só para matar a curiosidade dos maniados e das maniadas que haverão de ter notado, no parágrafo anterior usei dois nomes para falar da moeda chinesa, mas é assim mesmo. Yuan, talvez o nome mais popular fora da China, é a unidade da moeda usada nas transações com renminbi. Mas, como nada é tão simples assim, ainda mais num país milenar com registros que remontam ao ano de 1250 a.C., pode-se usar também yuan para falar da moeda em si, e não da unidade.

    O tal pato laqueado, que muitos anglófonos preferem chamar simplesmente de Pato de Pequim (Peking Duck), virou notícia no Ocidente durante a histórica visita do então presidente americano, Richard Nixon, à China em 1972. Nixon teria declarado, depois de um jantar com a cúpula do Partido Comunista Chinês, ou seja, do governo, que de tudo o que ele havia comido, o pato tinha sido o que mais agradara.

Um longe perto

Aquela visita era parte de um rearranjo do xadrez mundial, com os americanos de olho, sempre, nas ambições soviéticas e nas próprias, além de ser parte de um grande esforço de relações públicas de Washington, que começou a reaproximar os dois países e a indicar uma mudança nos eixos geopolíticos e econômicos do mundo.

Para os chineses, essa foi a oportunidade de se abrir para o Ocidente, com todas as possibilidades que isso representava, e mostrar aos vizinhos da União Soviética que não só não dependiam deles, como também não os temiam, a ponto de poderem desenvolver uma boa relação com os grandes rivais de Moscou.

Depois daquela visita, vieram outras, de outros presidentes americanos e, em alguns casos, mesmo fora da China o pato laqueado fazia sucesso com ocupantes da Casa Branca. George Bush, pai, gostava tanto de um restaurante chinês na Virgínia que convidou o chefe e seu staff para preparar o pato nas celebrações de suas bodas de ouro com Barbara, em 1995. Em 2009, Barack Obama esteve em Beijing e também se deliciou com o pato, como registra a cobertura jornalística da viagem. Cinco anos depois, e apenas alguns dias após a passagem de Michelle Obama, sem Barack, pela cidade, foi a vez de uma enxuta equipe da TV brasileira provar o pato do famoso restaurante Da Dong.

O segredo da antiquíssima receita dos tempos imperiais, com registros que remontam ao século XIV, tem a ver com texturas. Principalmente da pele crocante, assada no fogo à lenha à perfeição, mas também da carne, tenra e pouco gordurosa, o que é, em se tratando de pato, um feito. Enquanto Flávio registrava imagens do preparo, perguntei a um cozinheiro, com a ajuda de Kaká, detalhes da receita. Ele contou que o pato fica pendurado por 24 horas e depois ar é injetado na carcaça. Os dois processos, mais o fato de o pato ser assado também pendurado dentro de um grande forno, facilitam o acúmulo da gordura na parte posterior da ave e seu também posterior derretimento no calor. Acentua o sabor, garantindo a leveza. Na mesa, a degustação começa pelos olhos, diante da maestria do garçom para desossar o pato e arrumar finas fatias da carne numa bandeja. Os complementos são discretos: cebolinha, pepino, molho de feijão e uma panqueca leve. A estrela é o pato. Mas é refeição especial.

Mais leve e muito, mas muito mais barato do que o pato — do que aliás quase qualquer coisa na China — é um lanche, para qualquer hora e qualquer lugar, simples e saboroso. O *baozi*, ou simplesmente *bao* (que tem variações), nomes que soam a corruptelas de pãozinho ou pão e definem exatamente um pãozinho cozido no vapor, só miolo de tão fofo, em geral recheado com legumes ou carne de porco. O equilíbrio entre a massa aerada com o recheio, sempre bem temperado, com uma mistura de molho de soja, alho e molho de ostra, garante uma felicidade instantânea. Mais celestial do que aquela praça de Beijing, palco, em 1989, da repressão ao maior protesto já registrado contra o chamado "socialismo com características chinesas". Protesto e repressão tão marcantes que acabaram precipitando a saída de cena de Deng Xiaoping.

Estávamos apressados para registrar o movimento num bairro antigo de Xangai quando nosso tradutor parou numa beira de calçada para comprar uns bao desses. Notou minha curiosidade, ofereceu e ali, na hora, o pãozinho recheado cozido no vapor ganhou um adepto para a vida toda. Comi com tanto prazer que parecia que conhecia aquele bolinho desde sempre. Desde sempre não, mas, se não me engano, junto com outros bolinhos, aquele estava entre as iguarias preferidas de uma figura fundamental do cinema mundial, grande referência quando o assunto é China. Sim, ele, *Kung Fu Panda*, só para quem estava sentindo falta do personagem — que, aliás, foi lembrado de novo em outra ocasião, por conta de outros bolinhos, que os gringos chamam de *dumplings*. Os melhores da viagem, que devemos a um jantar surpreendente em Shenzhen. Uma refeição que foi se somar a outros sinais da grandeza e pujança econômica da China. O restaurante para o qual fomos convidados por assessores de imprensa locais ficava no 93.º andar da torre de um luxuoso hotel, não longe do centro financeiro da cidade. Daqueles prédios em que você sente frio na barriga quando o elevador começa a subir e onde a diferença de pressão se faz sentir nos ouvidos. Lá em cima, o pé direito envidraçado tinha seguramente mais de 15 metros. Diante de tudo, a vista da cidade era apenas mais um atrativo do impactante lugar. Havia muitos ocidentais, mas também chineses, imaginei que bem-sucedidos. Uma divisão bastante equilibrada, como a da comida. De um lado, balcões e mesas com pratos da cozinha ocidental. Massas italianas, carnes assadas na grelha, batata frita e tudo o mais que pudesse saciar a fome por comida europeia. Do outro lado, vários chefes chineses oferecendo, em seus balcões, uma grande variedade de pratos da culinária local, como os *dim sum* — outro tipo de bolinho, clássico da cozinha cantonesa —, almôndegas típicas daquela localidade e pratos de outras regiões da China. Pato, frangos, cogumelos variados e sopas, com ou sem massa. E o Kaká estava ali do lado e não me deixaria mentir: comprovei que podia tomar a sopa fazendo bastante barulho.

Do barulho da sopa sorvida pelo nosso tradutor ao silêncio de uma estrada muito bem asfaltada, de onde em momentos se avistava o litoral, a caminho de mais uma marcação, fora da cidade. Diferente de Beijing, onde os sinais da presença forte do Estado no cotidiano eram bem visíveis, isso era menos aparente em Xangai e em Shenzhen, cidades bastante ocidentalizadas, pelo menos no visual. Mas, no trajeto a caminho de uma fábrica de carros e ônibus elétricos, a pouco menos de uma hora da cidade, outdoors com palavras de ordem e uma profusão de bandeiras vermelhas descortinavam outro cenário. A cada pedágio, nas muitas cabines enfileiradas, atendentes, todas mulheres, com uniformes militares pegavam dinheiro ou tíquete e faziam um gesto com o braço para seguirmos adiante. O mesmo gesto, com o braço dobrado no mesmo ângulo, acompanhado do mesmo sorriso. Educado, mas meio desconfortável.

Na sede da BYD, este o nome da montadora, mais um imenso conjunto de prédios, construídos no mesmo complexo das linhas de montagem. Em cada saguão, cada antessala, uma grande bandeira chinesa e palavras de ordem do partido. Socialismo com características chinesas no último grau. Nas entrevistas com executivos e funcionários técnicos, o mesmo ufanismo presente em outras conversas e um fator de orgulho que se repetia: a exibição de patentes, nas paredes, emolduradas, para provar sempre e mais que os tempos da China que copiava haviam ficado para trás. Aquele país era a China que criava, patenteava, desenvolvia e exportava. Naquela fábrica, carros, mas principalmente ônibus, como os milhares que compunham a frota do transporte coletivo de Shenzhen e aqueles que transportam milhões de pessoas todos os dias em vários países. Um dos executivos falou de um contrato grande com o Brasil.

Os chineses pareciam determinados a virar a página também da China industrializada, mas pouco sustentável. Depois da nossa viagem, foram aprovadas várias leis para baixar as estratosféricas taxas de poluição do país, processo ambicioso, mas longo. Em Beijing, demos sorte, pegamos dias de sol e céu limpo. As máscaras ali, porém, já eram usadas muito antes da pandemia, por conta da poluição. Sem mudanças profundas, a China se engasgaria na própria fumaça.

Pensamentos sobre o futuro daquele país se misturavam aos diferentes sons que íamos ouvindo, à medida que caminhávamos pelo parque Jingshan, já no fim da jornada chinesa. A dica era precisa e irrecusável de um grande pagode no topo de um morro, uma das melhores vistas de Beijing. Em primeiro plano, a antiga Cidade Proibida, complexo do poder imperial por quase quinhentos anos, até a primeira metade do século XX, que em história é outro dia. Um conjunto de palácios construídos nas mais puras tradições arquitetônicas da China, patrimônio de valor inestimável, há anos aberto à visitação como mais um símbolo da grandeza do país.

No parque arborizado, passamos com cuidado por um senhor que escrevia com um grande pincel nas pedras do chão, em lindos caracteres chineses clássicos. Só que escrevia com água na pedra cinza. Em questão de minutos, tudo sumia. A vida é efêmera. Mais adiante, um grupo de mulheres entoava uma canção triste, lembrando um amor perdido ao longe. Andando um pouco mais, subindo em direção ao pavilhão da dica, jovens dançavam ao som de um rockabilly chinês, e, mais acima, veteranos uniformizados lembravam dos companheiros que já não estavam com coros marciais.

Assim foi, até chegar lá no alto daquele morro que, descobri depois, era conhecido como "monte da perspectiva", talvez por conta do cenário que faria cada visitante pensar na vida, seus valores e desimportâncias. A visão da Cidade Proibida remetia à transitoriedade do poder e da existência humana: nem os mais poderosos impérios duram para sempre. Ou ainda à genialidade do homem e da mulher, ali traduzida em formas e proporções enervantes. Mas e o pôr do sol? Pois é, naquele único dia possível para nós, não estava lá essas coisas. O céu voltara a nublar-se, o astro-rei descendo no horizonte era mais uma intuição certeira do que uma realidade deslumbrante. Se fosse seguir no exercício de filosofia de botequim, chinês, claro, que ensaiei ali atrás, diria que aquela conjunção de fatores podia ser interpretada como uma alegoria da vida. Chegamos ao parque, o nascimento daquela tarefa, com um objetivo definido: alcançar o topo e registrar o cenário para a posteridade. Praticamente ignoramos as maravilhas que se sucediam no caminho. Chegando no mais alto que conseguimos, pouco se via e já começava a escurecer. Na descida, a profusão de cantores e músicos já havia se recolhido. Lá embaixo, perto da entrada, o tempo apagara os caracteres no chão. Estávamos sós, com o tempo que passa. Uma derradeira informação: o "monte da perspectiva" era uma miragem, ou quase. Mais uma criação humana. Um acidente geográfico artificial, erguido com a terra extraída das escavações dos fossos que protegiam a Cidade Proibida no século XV, quando a China era o Império da dinastia Ming.

GROELÂNDIA
Barrow
Mar de Beaufort
Fort Yukon
Baía de Baffin
Godthab
Yukon Territory
Whitehorse
Port Radium
Great Bear L.
Nunavut
Iqaluit
Northwest Territories
Yellowknife
Baker Lake
Juneau
Rankin Inlet
Great Slave L.
CANADÁ
Bear Lake
Fort Chipewyan
Inukjuak
Churchill
Manitoba
Baía de Hudson
VOTE
Thompson
Labrador City
Flin Flon
Prince Albert
L. Winnipeg
Saskatoon
Quebec
Moosonee
Ontario
Regina
Brandon
Winnipeg
Timmins
Amos
Quebec
Grand Forks
North Dakota
Minnesota
Duluth
Ottawa
Montreal
Augusta
Concord
Boise
St. Paul
Boston
Wisconsin
Minneapolis
Toronto
Providence
Wyoming
Milwaukee
Detroit
Buffalo
Hartford
Reno
Chicago
Cleveland
New York
Cheyenne
Scottsbluff
Nebraska
Philadelphia
Oakland
Boulder
Indianapolis
Dayton
Baltimore
Denver
Cincinnati
Washington D.C.
Las Vegas
Kansas
St. Louis
Louisville
Richmond
Norfolk
California
Missouri
Kentucky
BLACK LIVES MATTER
Los Angeles
Santa Fe
Arizona
Nashville
Oklahoma City
Charlotte
Albuquerque
Memphis
San Diego
Phoenix
Columbia
Mexicali
Little Rock
Tucson
Birmingham
Atlanta
Dallas
Mississippi
Alabama
Georgia
Texas
Jackson
Tallahassee
Jacksonville
Hermosillo
Austin
Baton Rouge
Chihuahua
New Orleans
San Antonio
Houston
Orlando
MÉXICO
West Palm Beach
Tampa
Golfo do México
Monterrey
Miami
La Paz
Durango
Ciudad Victoria
Havana
Zacatecas
San Luis Potosí
CUBA
Merida
Queretaro
Toluca
JAMAICA
Barranquilla

USA OU NEM SEI

Dois mil e vinte, lembra? Pense num ano que pareceu uma década.

Com o tanto que nele aconteceu, não foram poucos os momentos em que ficou extremamente difícil lembrar de coisas, fatos ou pessoas que vieram antes. Parecia que tudo o que tinha acontecido em anos anteriores vinha de um passado muito remoto. O ano da pandemia atropelou noções de tempo, ideias de utilização de espaços, formas de relacionamento humano, a vida pessoal e profissional, a sociedade, a economia e a política. No mundo inteiro.

Não conheço ninguém que, na virada de 2019 para 2020, pudesse afirmar com um mínimo de certeza que sabia o que estava por vir. Essa constatação foi uma construção, que estava ainda nas fundações quando, no início do ano, notícias vindas da Ásia davam conta do surgimento de um vírus misterioso, aparentemente num mercado de alimentos de Wuhan, importante polo comercial da região central da China. Não parecia real nem quando casos de uma nova doença provocada por esse vírus começaram a preocupar o Japão, devido a centenas de tripulantes contaminados em um navio de cruzeiro ancorado no porto de Yokohama.

A preocupação, pelo menos na Europa ocidental, nos Estados Unidos e, depois nas Américas, só começou a ganhar alguma dimensão quando o número de mortes disparou na Itália, depois na França, Alemanha, Reino Unido, Espanha. O mundo estava mudando a olhos vistos, e ninguém estava imune. Nem mesmo a maior potência do planeta. É bem verdade que os Estados Unidos já vinham passando por profundas mudanças, num processo que começou quatro anos antes, que é, na verdade, quando se passa este capítulo.

Em 2016, Donald Trump foi eleito presidente, depois de atropelar todos os concorrentes que disputaram com ele a indicação pelo Partido Republicano, e derrotando na eleição uma ex-secretária de Estado e ex-primeira-dama.

Hillary Clinton, por sua vez, havia derrotado Bernie Sanders, senador pelo estado de Vermont, candidato mais à esquerda entre os democratas que começava a mudar a cara do partido, voltando a atrair principalmente jovens, uma fatia do eleitorado pouco interessada em política nos ciclos eleitorais anteriores. Hillary, muito mais ao centro do que Bernie, tinha saído vitoriosa de uma dura disputa interna. Aparecia nas pesquisas como favorita na corrida pela Casa Branca, como candidata democrata à sucessão de Barack Obama, um presidente que fez história como o primeiro presidente negro dos Estados Unidos, tendo sido reeleito com certa facilidade e que tinha chegado ao final do segundo mandato com uma aprovação bem acima dos 50%, mesmo tendo tido altos e baixos ao longo de seus governos, notadamente em relação ao envolvimento do país em conflitos espinhosos, como os do Afeganistão e da Síria.

Em 2016, Trump era um fenômeno político novo, que rapidamente mostrou-se avassalador.

Acompanhei de perto a fase final da formatação dessa candidatura vitoriosa quando tive a oportunidade de cobrir as convenções partidárias que ratificaram as escolhas de cada partido. Nos meses que antecederam aquele julho calorento no hemisfério norte, época em que seriam realizados esses eventos, achava que participaria da cobertura, sim, mas de longe, recebendo o material que os colegas, as agências e outros veículos produziriam. Comentando, analisando, contribuindo para telejornais e programas, só que do Brasil. Mas planejamento é apenas uma das partes relevantes e decisivas do jornalismo. Improviso e adaptação às circunstâncias têm um papel fundamental no nosso trabalho diário. Então, quando me avisaram que o Jorge, veterano e querido correspondente de Nova York, não iria poder estar naqueles encontros tradicionais e definidores do mundo político americano e que eu iria no lugar dele, não havia outra opção possível que não a de aceitar a convocação e preparar a viagem.

Ficou acertado que não sairia com equipe do Brasil, meu companheiro de jornada seria Rob, um repórter cinematográfico que trabalhava na sucursal nova-iorquina e iria me encontrar em Cleveland, Ohio, primeira parada da viagem, onde aconteceria a convenção republicana. De lá, seguiríamos para a Filadélfia, para o encontro dos democratas.

Entre as tarefas, contribuía para programas especiais sobre o processo eleitoral americano e a situação de cada partido e, quando possível, participava ao vivo no noticiário. Na prática, foram muitas as participações nos noticiários, com boletins de notícias e comentários, tudo entremeado da gravação de material para os especiais. Só confirmando que planejar faz parte, mas não é tudo. Para dar um aperitivo da ralação, no dia em que desembarquei em Cleveland, depois de uma escala em Miami, fui recebido pelo Rob no aeroporto no final da manhã, já com a primeira surpresa. Pelo nome, achava que era um americano que, por algum motivo, tinha aprendido a falar português, e o cara era paulista. Desfeito o mal-entendido, tínhamos que pegar as credenciais para a convenção, as nossas e as da outra dupla, Anderson e Carol, também deslocados de Nova York para as convenções. Depois, encontrá-los numa rua do centro da cidade, onde estariam preparando uma entrada ao vivo. Mas já que estaríamos todos no mesmo lugar, por que não um primeiro papo com os colegas do Brasil, diante da câmera? Claro. Com cara de sono, barba por fazer e cansaço evidente.

 O glamour da televisão tem dessas coisas. Falando nele, não esqueço de um dia, muitos anos antes, quando cheguei para trabalhar na redação de um programa de variedades da TV, que passava de tarde, e onde eu substituía um grande amigo nas férias dele. As paredes estavam cobertas de folhas A4, todas com o mesmo aviso: a partir de hoje, está proibido o uso da palavra "glamour" em reportagens, cabeças e offs (cabeça é aquela parte em que o apresentador introduz a matéria, off é o trecho narrado, a ser ilustrado com imagens e/ou gráficos). Assinava a chefia máxima. Nunca esqueci o alerta, que ficou valendo para todas as muletas idiomáticas que a gente acaba assimilando e usando sem perceber. Mas me perdi. Achei. Por que Cleveland como local para realizar a convenção republicana?

 Antes de mais nada, vale dizer que, nos Estados Unidos, o país do showbusiness e do entretenimento, esses eventos políticos lembram muito festivais de música e, mais ainda, grandes eventos esportivos. Não apenas porque, já há décadas, são realizados em ginásios ou arenas cobertas, como preferem nos dias que correm. A segunda maior cidade de Ohio depois da capital, Columbus, tinha um excelente complexo esportivo. A convenção do Partido Republicano ocupou a então (porque os nomes mudam de acordo com os patrocinadores) Quicken Loans Arena, a casa do time de basquete Cleveland Cavaliers. A convenção democrata, poucos dias depois, seria realizada no Wells Fargo Center, complexo que abriga o ginásio do Philadelphia 76ers. Mas antes mesmo da escolha do palco, precisa haver a escolha da cidade da convenção. No caso republicano, o processo começou no ciclo eleitoral anterior e, em 2014, tinha seis finalistas: Cincinnati, Dallas, Denver, Kansas City e Las Vegas e Cleveland. Cada uma com um comitê organizador, responsável por apresentar uma proposta destacando qualidades que justificassem a escolha. Facilidade de transportes e acomodações, tamanho do espaço, proximidade com outros centros, segurança etc. Em jogo, os milhões de dólares que milhares de participantes, jornalistas e equipes técnicas, patrocinadores, manifestantes, militantes e participantes propriamente ditos da convenção deixam na cidade escolhida. Além da enorme visibilidade na mídia americana e internacional.

Em Cleveland, os investimentos em toda a infraestrutura foram estimados em 64 milhões de dólares. Com a convenção iniciada, tinham sido arrecadados 58 milhões de dólares. O total foi alcançado graças a uma doação de um bilionário conservador. Estima-se que cinquenta mil pessoas foram atraídas para a cidade só para a convenção, além de oito mil policiais e agentes de fora do estado, mobilizados para o esquema de segurança. Para completar, Cleveland tinha um atrativo extra. Era um dos principais centros econômicos do chamado *Rust Belt*, o cinturão da ferrugem, região do Meio-Oeste americano que mergulhou na decadência depois de viver um apogeu industrial a partir da década de 1950.

Na campanha, os republicanos, incluindo aí o por muito tempo azarão Donald Trump, centraram seus esforços em conquistar o eleitorado oriundo dessa tradição industrial. Um eleitorado que, quando os sindicatos eram fortes, sempre votou democrata mas, desde a grande crise de 2008, sentiu-se desamparado ou, no mínimo, pouco prestigiado por Washington. Os chamados *"blue collars"* (colarinhos azuis), referência aos uniformes da indústria, então contrastavam com os *"white collars"* (colarinhos brancos), entrincheirados em seus escritórios de Wall Street e outros centros financeiros, por exemplo.

Cleveland, cidade média, meio industrial, meio decadente, às margens do lago Erie, um dos Grandes Lagos, que, além de Ohio, banha ainda os estados de Michigan, Pensilvânia e Nova York, e, na margem do lado norte, a província de Ontario, no Canadá. Além da indústria, a cidade também é conhecida por ter um importante setor de medicina, que ganhou muito espaço na economia local nas últimas décadas. Só para não perder o gancho, como Cleveland é referência na área da medicina, uma curiosidade extra: foi ali que o general-presidente João Baptista Figueiredo, o último do regime militar implementado no Brasil com o golpe de 1964, foi hospitalizado depois de sofrer um infarto no Brasil.

A Cleveland Clinic, um complexo hospitalar que movimenta bilhões, é um dos orgulhos locais. Os votos do *Rust Belt* seriam fundamentais para garantir a vitória de Trump na eleição presidencial, mas, àquela altura, ainda faltavam quase quatro meses para a votação. O importante naquele momento era tentar explicar como o velho Partido Republicano tinha sido capturado, quase que sem resistência, por aquele empresário nova-iorquino de fama polêmica, que fez fortuna no setor imobiliário, teve um desempenho sofrível ao apostar alto em cassinos, com um grande fiasco no gigantesco Taj de Atlantic City e que espalhava empreendimentos hoteleiros com o nome dele pelos Estados Unidos e em alguns outros países. Além disso, Trump, que tinha seu quartel-general de campanha na cobertura tríplex da Trump Tower de Nova York, se tornou uma estrela pop graças a um programa de TV, um reality show que ajudou a produzir e no qual comandava uma competição de executivos para ver quem merecia trabalhar nas empresas Trump. O segmento mais lembrado do programa era aquele em que o futuro presidente devia, a cada rodada, eliminar um participante e dizer *"You're fired!"* (Você está demitido!).

Articulação política, análise de conjuntura, projeto de governo e formação de alianças internacionais nunca foram especialidades de Trump. Mas, para um eleitorado cansado e largamente desacreditado da política, isso até podia ser visto como um ponto positivo. Já para a maioria dos jornalistas presentes em Cleveland, assim como para os colegas pelo mundo de olho na política americana, a rápida ascensão de Trump seguia sendo um profundo mistério. Para mim, aqueles dias representavam uma boa ocasião para tentar entender o fenômeno. E para tentar entender a partir apenas de conversas, que foi o que buscamos fazer o tempo todo. Com analistas políticos, estatísticos, historiadores especializados no Partido Republicano, biógrafos, jornalistas de vários lugares e especialidades. Nenhum deles me deu uma explicação convincente para o que estávamos vivenciando. Muito menos para o que viria dali para a frente.

Nas ruas, tomadas por militantes, manifestantes, pela imprensa — em alguns casos com estúdios montados para transmissões ao vivo — e pela polícia, chamavam atenção a profusão de bandeiras americanas, grandes, pequenas, em broches, chapéus, adesivos, mas também as passeatas que se sucediam, os panfletos com teorias da conspiração, acusando os adversários democratas de todo tipo de crime, as pregações ultrarreligiosas e o ambiente que, por horas e horas, misturava ares de comício e carnaval em toda a região central da cidade e, mais ainda, no entorno do complexo poliesportivo onde ficava o ginásio do Cavaliers. Naquele momento, o Cavaliers ainda era o time de Lebron James, que quatro anos depois seria uma das vozes mais presentes na mobilização de atletas contra o racismo, engrossando as demandas do movimento Black Lives Matter, parte da onda que ajudaria a derrotar Donald Trump, quando ele se candidatou à reeleição. Mas isso foi bem depois. Ali, ainda queríamos entender.

Um tradicional restaurante da região central de Cleveland, com mesas do lado de fora cobertas por grandes ombrelones vermelhos e, lá dentro, toalhas brancas, forração de madeira escura e um salão espelhado, com bar e piano, que remetia a filmes de máfia, foi o ponto de encontro para a entrevista marcada com uma das figuras que, eu achava, poderia ajudar a explicar aquele contexto. Alguém que estava familiarizado com contar histórias, criar personagens e contextualizar processos. Depois do papo, é bem verdade que tive a nítida impressão de que tudo tinha ficado ainda mais complicado. Certamente mais por conta da minha dificuldade de compreensão do que estava realmente acontecendo com a política dos Estados Unidos, do que pelas qualidades da narrativa do meu entrevistado.

Joe Eszterhas era uma figura, em qualquer sentido. Os cabelos compridos e a barba espessa, ambos mais para prateados do que grisalhos, tinham reflexos puxando para um louro de outras épocas e remetiam a uma imagem de roqueiro setentista. Ele tinha trabalhado por anos na revista *Rolling Stone* como repórter e editor. Também cobriu a Guerra do Vietnã e os violentos protestos estudantis contra ela, no início da década de 1970. O nariz adunco — esperei até este momento na vida por um texto onde coubesse a palavra, que designa aquele nariz forte, apontado para baixo, no caso por cima do bigode — podia ter a ver com a Hungria natal daquele filho de imigrantes. As grossas sobrancelhas denotavam alguma assertividade, qualidade importante para um roteirista de estrondoso sucesso em Hollywood. São dele os roteiros de *Flash Dance*, *O fio da suspeita*, *Showgirls*, *Instinto selvagem*, *Invasão de privacidade*, entre outros. Também era escritor de sucesso, principalmente por *American Rhapsody*.

Naqueles dias, Joe escrevia num blog análises políticas bastante peculiares e não hesitava em expô-las, com toda a franqueza, para quem perguntasse. A voz rouca e falha me lembrava dos muitos problemas com álcool e drogas que abalaram severamente a saúde e a carreira ele. Mas a assertividade seguia firme. "Trump é um imbecil e mesmo assim não dá para votar em Hillary", disse ele. Foi uma das frases marcantes da nossa conversa, que me fizeram reforçar uma noção que já trazia comigo, sobre a gigantesca rejeição que a sra. Clinton provocava. Certa soberba, provocações mal encaminhadas, um ar elitista, tudo isso junto e mais as dúvidas sobre a influência do marido, Bill, num eventual governo dela eram fatores que pesavam contra a candidatura de Hillary.

Fato é que, quanto mais o tempo passa, mais me convenço de que o grande adversário dela foi, na verdade, uma adversária. Ela mesma. Joe saiu desfiando suas ideias sobre a desilusão da classe trabalhadora, o aumento do desemprego, a necessidade de recuperar a indústria, a importância de valores perdidos, a questão das minorias. Quando eu achava que ele estava se encaminhando para assumir uma vocação, e uma votação democrata, lá vinham as críticas sobre o politicamente correto e o questionamento das políticas afirmativas. Em seguida, fogo cerrado contra os Clinton. Tinha lido numa entrevista que ele dera duas semanas antes do nosso encontro, mais uma pérola venenosa de Joe: "Se a escolha é entre criminosos e um idiota, eu voto no idiota." Nada indica que tenha feito diferente. Pesquisando um pouco mais sobre ele para este capítulo, reencontrei o velho Joe num site da oposição húngara que informava que ele tinha se aproximado do governo de Viktor Orbán, o ultranacionalista de extrema direita que fez a Hungria recuar muitas casas em quesitos como política em relação a imigrantes, direitos individuais e liberdades civis. Logo Joe, que na juventude tinha cortado relações com o pai quando descobriu ligações perigosas do chefe da família com os fascistas húngaros na Segunda Guerra. Deu uma tristeza. Ao final da entrevista, ele me deu um forte abraço e a impressão de que, de fato, era difícil enquadrar os eleitores de Trump num estereótipo único.

Nas ruas de Cleveland, o clima variava entre o festivo e o tenso. E sempre bastante calor, pelo menos durante o dia. Festivo nas manifestações dos delegados republicanos e suas palavras de ordem exaltando a grandeza americana. Tenso, pelo grande número de passeatas programadas para protestar contra as atitudes e os discursos preconceituosos do milionário que estava para ser confirmado como candidato republicano à presidência. Essa confirmação era um ato formal, a conclusão do longo processo de escolha que se desenrola nas primárias estaduais dos partidos americanos, onde o desempenho de Trump já havia sido notável. Para chegar à nomeação, Trump derrotou outros 11 pré-candidatos, qualificados para as primárias, nunca hesitando em lançar ataques pessoais, dar apelidos desabonadores aos concorrentes e a fazer críticas ao partido que ele pretendia liderar. Esse tom incisivo, quando não claramente violento, conquistou os filiados. Era o que a gente percebia entre os militantes e nos discursos que se sucediam lá na arena. Para chegar até lá, várias barreiras policiais, todos os equipamentos minuciosamente vistoriados e as credenciais checadas diversas vezes. Passados os controles, o cenário era de quermesse política, com barraquinhas de comida, palcos em volta da arena, patrocinadores distribuindo merchandising e jornalistas do mundo inteiro reunidos em dois centros de imprensa: o principal, ocupado majoritariamente por grandes empresas de mídia e pelas agências de notícia, e o outro, para estações de rádio, TV e sites independentes. Nos dois, um trabalho feérico, em que analistas se misturavam a políticos e transmissões ao vivo, com maior ou menor estrutura, eram realizadas uma depois da outra. Ou ao mesmo tempo. Uma espécie de Disneylândia da imprensa, que ainda contava com estúdios provisórios das grandes redes de TV americanas, que tinham estruturas montadas nas ruas, no complexo poliesportivo e lá dentro da arena...

No primeiro dos quatro dias de convenção, o ex-prefeito de Nova York Rudy Giuliani, nome em ascensão no que se configuraria como um movimento político, o trumpismo, e a esposa de Trump, a modelo eslovena naturalizada americana Melania, foram as grandes estrelas.

Giuliani, que ganhou a simpatia e a solidariedade do mundo depois dos atentados de 11 de setembro de 2001, mostrou-se um dos oradores mais veementes. Devolveu, na forma de ataques pessoais e críticas à atuação política, a derrota sofrida anos antes para Hillary na corrida pelo Senado. E endossou as promessas de Trump, de endurecer as políticas contra imigrantes — o que não deixa de ser curioso, vindo de um descendente de imigrantes italianos.

Já o discurso de Melania chamou a atenção por outra coisa, que viraria tema de debates, discussões e piadas poucas horas depois de ela deixar o palco.

O discurso tinha pelo menos dois trechos inteiros copiados de outro, feito por Michelle Obama na convenção democrata de 2008. Os trechos falavam dos valores e da importância da família. Como havia acontecido oito anos antes, com outra oradora e uma plateia democrata, a fala de Melania Trump foi longamente aplaudida pelos milhares de militantes, no caso republicanos que lotavam a arena.

Foram mais dois dias de movimentação intensa, com muito trabalho, Rob correndo comigo de um lado para outro, encontros rápidos com a outra equipe e mais um pessoal que tinha vindo do escritório de Nova York, além do veterano repórter e amigo Luís Fernando, convocado lá de Washington para engrandecer a cobertura. Até que chegamos ao quarto e último dia da convenção, uma quinta-feira. O esquema de credenciamento era muito rígido, já mencionei, e nem todos os crachás dos jornalistas davam acesso à arena o tempo todo, até porque nem haveria espaço físico para isso. Precisávamos constantemente entrar numa fila de troca de credenciais para ter direito a algumas horas mais perto do palco principal da festa. Quando isso não era possível, o jornalista precisava se virar. No meu caso, significava gravar com entrevistados previamente agendados, checar as manifestações ou, de volta ao complexo, empreender longas caminhadas no entorno do ginásio e pelos saguões e corredores, em busca de entrevistas com delegados estaduais, figuras interessantes e quem mais chamasse a atenção. Ao mesmo tempo, buscava registrar o máximo de informações sobre o ambiente e os humores reinantes. E sempre havia os encontros fortuitos. De repente, uma multidão de jornalistas seguindo uma figura.

Fui junto para ver quem era. Don King, o folclórico empresário do mundo do boxe, que trabalhou com Muhammad Ali e Mike Tyson, voz negra conhecida e histriônica da militância republicana. Logo ali na frente, outra cara conhecida, mobilizando mais um enxame de jornalistas. Ninguém menos do que Nigel Farage, que apenas um mês antes daquela convenção tinha liderado o movimento que fez o Reino Unido votar pelo divórcio com a União Europeia, o Brexit. O resultado tinha surpreendido muitos analistas. Eu mesmo lembro de estar acompanhando uma transmissão de um canal internacional, que deu a notícia no amanhecer de uma Londres que não esperava de jeito algum ver uma tese bem mais popular no interior do que na capital britânica sair vencedora daquele plebiscito extemporâneo que custaria o cargo ao primeiro-ministro David Cameron. O voto pela permanência no bloco parecia líquido e certo, a ponto de boa parte do eleitorado londrino e de outros grandes centros urbanos nem terem se dignado a votar. Pois no cenário internacional, aquela ideia que podia parecer estapafúrdia para muitos e era alimentada por movimentos ultranacionalistas, de pequenos agricultores, pescadores e defensores do direito à caça, entre outros, teve um apoio de primeira hora de Donald Trump. O Brexit se encaixava à perfeição na visão isolacionista, antiglobalista e também ultranacionalista que Trump procurava implementar nos Estados Unidos. Nigel Farage estava ali, menos para falar, e mais, claramente, para retribuir a gentileza, certamente de olho no futuro das relações entre os velhos aliados dos dois lados do Atlântico. Bem verdade que, como presidente, Trump conseguiria criar desconforto até com os parceiros britânicos por conta dos questionamentos que fazia em relação à Otan, a aliança militar ocidental.

Mas isso foi depois. Ali, eu pensava sobre a troca de afagos que parecia indicar uma rearrumação da ordem mundial quando vi, num dos muitos monitores espalhados pelos corredores da arena que Ivanka, uma das filhas de Trump, futura assessora do governo dele, estava começando a discursar. Em seguida, seria a vez do pai dela. Não tínhamos entrada ao vivo prevista então corri para pegar um lugar na plateia. Consegui um lugar no início de uma fileira do alto, perto do corredor, ao lado de uma senhora de chapéu de cowboy, maquiada e vestida nas cores da bandeira americana. Ao lado dela, um senhor segurava uma placa onde se lia "*Jews for Trump*" ("Judeus por Trump"). Lembrei da proximidade do futuro candidato ao posto de homem mais poderoso do mundo com grupos racistas e militantes neonazistas.

A plateia irrompeu em aplausos. Gravata vermelha — curiosamente a cor dos democratas, mas também a preferida de Trump para gravatas —, paletó escuro, mais maquiado do que nunca, tez entre o laranja e o rosa, cabelo inacreditavelmente penteado, como sempre, o Donald chegou, do alto de seu 1,90 metro, aplaudindo a plateia e a si mesmo, fazendo sinal de positivo com os dois polegares, apontando para militantes, amigos — reais ou imaginários — e sorrindo enquanto o sistema de som rivalizava com os aplausos tocando uma música instrumental grandiloquente. À minha volta, gritos, aplausos e delírio.

Logo no começo do discurso, o ainda pré-candidato fez algo inédito e que, acho, não repetiria nos quatro anos seguintes. Falou em humildade. Mais precisamente, disse que estava ali para aceitar, humildemente, a nomeação para ser candidato. Mais aplausos delirantes. Dali para frente, foi a repetição dos discursos das semanas, dos meses anteriores. Promessas de devolver aos Estados Unidos uma grandeza perdida. Alertas sobre os perigos do terrorismo islâmico, mas também dos criminosos imigrantes que invadiam as cidades americanas, ameaçando todo um estilo de vida. Também falou dos inadmissíveis ataques à polícia e prometeu fazer um governo baseado na lei e na ordem. "Não podemos nos permitir ser tão politicamente corretos", anotei no meu caderninho a frase que me marcou. Ao lado, escrevi "ataques à imprensa e gritos de USA! USA!". Esse foi o tom.

Mais adiante, como esperado, a promessa de construir um grande muro na fronteira com o México, para impedir a entrada de crime. "*Build that wall!*" ("Construa o muro!"), respondia a plateia. A uns dez metros, um grupo levantou cartazes azuis: "*Latinos para Trump*", assim mesmo, em espanhol.

Olhei em volta e fiquei com a nítida impressão de que só eu estava desconfortável com aquele discurso raivoso, alimentando o medo, o preconceito, aclamado pela multidão.

Se estava claro para um jornalista brasileiro que várias daquelas promessas do discurso eram inviáveis, discriminatórias, injustas ou profundamente irreais, como é que aquelas pessoas todas, vindas dos Estados Unidos inteiros, das mais diversas origens e extratos sociais aplaudiam tanto, pareciam acreditar tanto? A palavra "populismo" ficou ecoando na minha cabeça e, enquanto comia um hambúrguer bem mais ou menos, no restaurante que conseguimos achar tarde da noite, só lembrava do desconforto que senti quando estava naquela plateia, no meio daquele barulho ensurdecedor, com papéis coloridos e balões caindo do teto, e Trump com os polegares para cima sorrindo para seus apoiadores... Mas já era tempo de começar os preparativos, práticos e mentais, para a convenção democrata na Filadélfia, berço da independência dos Estados Unidos. Hora da turma se separar. Os colegas que moravam em Nova York e Washington voltaram para passar o fim de semana em casa. Arrumei as malas e, na sexta-feira, o Rob me deixou no aeroporto.

As perspectivas eram interessantes, eu teria um fim de semana inteiro de folga, só reencontraria o homem das imagens no domingo à noite para retomar o trabalho pesado segunda. Pensava no que poderia fazer nesse tempo livre quando fui puxado desses devaneios por uma mensagem vinda dos alto-falantes: "Estamos com um problema de overbooking, se houver alguém disposto a abrir mão de sua passagem e adiar a ida para a Filadélfia por um dia, a companhia aérea fornece hospedagem, transporte e quatrocentos dólares." Pensei rapidamente, nada me obrigava a embarcar naquele voo. Uma noite a mais em Cleveland, com uma verba extra no bolso caía bem.

Comecei a andar em passos decididos em direção ao balcão quando um engravatado passou correndo por mim. Perdi a chance. Do saguão do aeroporto lotado para um avião lotado, um jato da Embraer, como são tantos utilizados em voos regionais nos Estados Unidos. Nesse nicho a empresa é um sucesso absoluto. Em pouco mais de uma hora e meia estava desembarcando na Filadélfia, que na minha cabeça tinha uma imagem dupla. A primeira, datava do final do século XVIII, era a da cidade berço da Revolução Americana e da independência dos Estados Unidos, capital até a sede do governo ser transferida para a planejada Washington, em 1800. A segunda imagem era a da cidade de Rocky Balboa, o personagem criado e interpretado por Sylvester Stallone, em *Rocky* (no Brasil, *Rocky, o lutador*, para não deixar dúvidas), ganhador do Oscar de melhor filme de 1977, derrotando, por exemplo, *Taxi driver*. *Rocky* era minha referência pop da "cidade do amor fraterno", tradução aproximada do nome, anos depois reforçada por um filme chamado *Filadélfia*, com Tom Hanks vivendo um portador do vírus HIV e que ganhou uma bela música de Bruce Springsteen. Mas era *Rocky* que eu tinha na cabeça ao desembarcar, pegar a mala e procurar um táxi para ir ao hotel. Cheguei a perguntar para o motorista se, no caminho, passaríamos pela escadaria da cena mais clichê do filme, que mostra o lutador subindo os mais de setenta degraus determinado a superar os obstáculos e vencer. O taxista disse que só se eu quisesse muito fazer um desvio até o Museu de Arte da Filadélfia, onde fica a escadaria, porque o meu hotel era para outro lado e bastante longe. Deixei para lá, sem desistir de encaixar o local em alguma gravação. O motorista estava certo, o hotel era longe mesmo. Longe do tipo fora da cidade, na beira de uma autoestrada de oito pistas, com duas lanchonetes de cada lado, sendo uma, a única que eu não conhecia, especializada em pratos da cozinha cajun, da Louisiana, sul dos Estados Unidos. Era na verdade um motel, no sentido americano do termo. Um hotel com um estacionamento grande com dois andares, portas e janelas (uma para cada quarto) dando para este estacionamento. Qualquer filme B tem um estabelecimento desses. Alguns filmes mais bem cotados também. Algumas semanas depois dessa convenção, eu falei desse hotel com um repórter do *New York Times* que estava no Rio para a Olimpíada. Ele me deu os parabéns pelo feito e disse que sempre tinha conseguido evitar ficar hospedado lá, pois pertencia à pior rede de motéis dos Estados Unidos. Aqui peço licença, porque esse encontro com o repórter merece um parágrafo.

Conheci David Segal pela reportagem que escreveu desancando a gastronomia carioca. Usava o biscoito de polvilho como exemplo da falta de gosto com que definia a comida do Rio. Mesmo sendo um clássico da praia e do Maracanã, o biscoito está longe de ser um representante da gastronomia popular da capital fluminense. Daí que, depois de uma conversa na redação, decidimos convidar o gringo para um papo reto num boteco. Convite aceito, rumei com a equipe para Copacabana e, chegando lá, para o balcão de um botequim especializado em galeto. O papo sobre o motel da Filadélfia quebrou o gelo com o David, que estava vestido de repórter americano nos trópicos, com chapéu panamá e tudo. Engatei pedindo coração de galinha, carne de sol, espetos variados, galeto na brasa e mais uma infinidade de saborosos salgados, sem falar numa saborosíssima farofa. Ficamos só nos petiscos, mas dei minha contribuição no sentido de educar o paladar do colega à vastidão dos nossos sabores.

Mas voltando à história do motel americano. Havia uma razão para ficar hospedado lá. A viagem foi decidida em cima da hora, não havia mais quarto disponível na cidade, aquele foi o preço a pagar pela decisão tardia. Planejamento não é tudo, mas pode ser a diferença entre um bom hotel e aquele. E eu tinha um fim de semana pela frente. Mas tudo é aprendizado.

Na recepção, um funcionário, que intuí ser indiano pela aparência e pelo sotaque, me recebeu sorridente — ou irônico, já não tenho certeza. Tão logo notei, perguntei e confirmei: ele era indiano mesmo, e aquela franquia era tocada por três gerações de uma família indiana. O recepcionista era da segunda.

O quarto, no andar de cima, com vista para o estacionamento e a autoestrada, não era nada de mais. Tampouco era péssimo. O banheiro, limpo, a TV funcionava e o ar-condicionado era fortíssimo. Tudo dominado por ali. Sem ter o que fazer, comprei um hambúrguer com fritas na lanchonete ao lado, comi e resolvi bater um papo com alguns dos indianos. Se eu achei que ia ouvir histórias de imigrantes reclamando dos republicanos, da ameaça Trump e da esperança nos democratas, achei errado. Avô, filho e, soube no dia seguinte, neto, eram fervorosos eleitores republicanos. Não queriam nem saber de mais direitos trabalhistas, aumento do custo da hora trabalhada e muito menos política de atração de novos imigrantes. Na cabeça deles, tinham lutado muito para serem cidadãos com os documentos legalizados, não era hora de aceitar mais estrangeiros. Tinha um raciocínio lógico nisso, uma rejeição às incertezas da economia, o desejo de consolidar uma posição, de usufruir das oportunidades depois de muitos sacrifícios. Em contrapartida, a mim soava como um despropósito, uma negação da história de cada um deles e da ideia de um país construído basicamente por imigrantes e escravos, para não falar da destruição das culturas nativas. Ao mesmo tempo, já era o segundo sinal claro que eu tinha de que o eleitorado de Trump não era homogêneo e nem facilmente classificável.

A tarde já ia longe e eu já antecipava um sábado de calor e certa angústia naquela beira de estrada. Entrei em contato com o escritório em Nova York, expliquei minha situação, ciente que não conseguiria mudar de hotel, mas torcendo para amealhar algumas dicas. O resultado foi melhor do que a encomenda. Desliguei o telefone com uma conta na qual poderia computar as despesas com táxi e recebi do querido Jorge, a quem eu substituía nas convenções, uma preciosa sugestão cultural: visitar a Barnes Foundation.

Depois de uma noite de sono profundo apenas interrompido pela necessidade de criar uma barreira física entre o tufão que saía do aparelho de ar-condicionado e minha cama, coisa resolvida com uma cadeira e mais um cobertor, acordei pronto para flanar por Philly. Primeira parada depois do café bem americano, numa segunda lanchonete, a tal fundação.

Criada em 1922 graças à fortuna de Albert C. Barnes, um químico que enriqueceu ao desenvolver um composto muito usado em remédios contra gonorreia e inflamações dos olhos, garganta, ouvido e nariz, a fundação abriga, em um edifício de linhas modernas e minimalista jardim, uma das maiores coleções do mundo de artistas impressionistas e pós-impressionistas. Sala após sala, o visitante recarrega as baterias carentes de beleza com obras de Monet, Renoir, Toulouse-Lautrec, Cézanne, Seurat, Van Gogh, Picasso, Matisse e Modigliani, entre outros. Passar algumas horas por ali me fez um bem inimaginável. Também deu fome. Mas eu tinha me preparado. Não com um farnel, mas com um destino na manga, o Reading Terminal Market. Originalmente, no final do século XIX, era um mercado acoplado a uma estação de trem. Há muitas décadas, no entanto, a estação se foi e ficou só o mercado, para deleite de visitantes como eu, famintos e ávidos de conhecer um pouco da comida popular local. Alimentado de arte, lá fui eu preencher o vazio que restava n'alma e no estômago, com mais cultura, só que gastronômica e popular. No tal mercado, não poderia ter sido mais feliz. Começando logo com um clássico local, um *cheesesteak* (uma palavra só) *sandwich*. Pão recheado de finas fatias de carne bem temperada, coberto com queijo derretido, acompanhado de batatas fritas. Quando terminei, já nem lembrava das dificuldades logísticas. Aproveitei para passear entre dezenas de lojinhas que ofereciam desde frutas, legumes e grãos a elaborados pratos de frutos do mar, e ainda comprei alguns queijos, pães, barras de cereal e suco "para mais tarde". Dali para uma circulada pelos arredores e constatar que o esquema de segurança para a convenção democrata que começaria na segunda já estava espalhado pelas ruas do centro da cidade. Como teria de voltar no dia seguinte à sede do centro de convenções da Filadélfia, que fica ao lado do mercado, para pegar minha credencial, já estava decidido onde iria comer.

Menos de 24 horas depois, meu camarada Rob já estava na área e a dupla, reformada. Como planejado, resolvemos burocracias e paramos para um lanche no mercado do terminal Reading. Em meio aos pequenos estabelecimentos que vendiam sanduíche de porco, sanduíche de carne com queijo, frutos do mar e outras variedades baseadas em generosas porções de proteína animal, descolamos o balcão de uma lanchonete amish, se é que a contraditória definição se aplica. Afinal, os amish são aquela comunidade cristã que se radicalizou a tal ponto na reforma protestante, a partir de seus primórdios na Europa, notadamente na Suíça, que tenta viver até hoje mantendo hábitos e práticas do século XVII.

Os primeiros amish dos Estados Unidos chegaram no século XVIII na Pensilvânia e, naquele 2016, cerca de cinquenta mil de seus descendentes ainda viviam por lá, como confirmava aquela lojinha. A decisão por comer ali tinha dois motivos básicos. O primeiro, matar uma curiosidade que eu tinha desde que tinha assistido ao filme A *testemunha*, de 1985, em que o personagem de Harrison Ford investiga um crime cuja única testemunha era uma criança amish e acaba se envolvendo romanticamente com uma moça da comunidade. O segundo motivo era respeitar a dieta alimentar do meu companheiro de equipe vegetariano, já que os amish são agricultores renomados e conhecidos na gastronomia por sopas de legumes saborosas, entre outros pratos. Devo dizer que superfuncionou. Nessa passagem pela Filadélfia, tive outra experiência alimentar digna de nota, que também tinha a ver com o passado e com a herança política daquele lugar. De Nova York, nossa produtora Simone tinha dado a dica de um restaurante especializado na culinária dos tempos em que a cidade foi o coração da revolução e da independência dos Estados Unidos. Achei ótima ideia gravar algo por lá. Assim como os amish, que no dia a dia usam roupas de época (e andam de charrete), os funcionários da City Tavern, simpática casa de tijolinhos vermelhos que é a segunda locação de um restaurante de meados dos anos 1700, também se vestem a caráter. Modelitos do século XVIII, no caso. E o chef, um alemão apaixonado por explorações culinárias, foi atrás de receitas saboreadas por Thomas Jefferson, John Adams e seus amigos em lugares muito parecidos com aquele. O objetivo não era comer, era aproveitar a atmosfera e gravar algo com tintas históricas. Mas tenho uma boa lembrança de um escalope de carne de veado com cogumelos puxados no bourbon, que serviria para alimentar muito bem os mais empedernidos pendores revolucionários. No corredor, ao pé de uma escada, a trilha sonora de fundo era garantida por um funcionário de peruca branca tocando harpa.

E a convenção democrata em si? Bem, o mesmo circo da mídia se repetiu, talvez atraindo mais gente ainda. Lembremos que Obama estava deixando o governo com boa aprovação e Hillary aparecia como favorita nas pesquisas. Do enorme estacionamento onde tínhamos que deixar o carro até a Wells Fargo Arena, casa do Philadelphia 76ers, da NBA, ainda passávamos perto do estádio de futebol americano onde os Eagles tinham mando de campo. Dos mesmos complexos interligados ainda fazia parte um estádio de beisebol, e o time de hóquei da cidade jogava na pista de que gelo que era colocada sobre a quadra dos 76ers sempre que necessário. Concentrados num raio de poucos quilômetros, ainda havia bares esportivos com telões enormes para acompanhar os jogos, hotéis, lojas de suvenires e, naqueles dias, toda a grande estrutura provisória para a imprensa e o esquema de segurança, como na convenção republicana em Cleveland, rigorosíssimo.

Na Filadélfia, o que afligia organizadores e a polícia não eram as manifestações dos republicanos, mas sim as das alas mais à esquerda do próprio Partido Democrata, inconformadas com o que viam como uma série de manobras da direção do partido para favorecer a ex-primeira-dama e, por conseguinte, minar a pré-candidatura de Bernie Sanders. Tirando denúncias nunca comprovadas de compra de votos, era sabido que a estrutura do partido era muito mais favorável a Hillary, tida pelos analistas como moderada, do que a Sanders, um parlamentar de origem independente que nunca hesitava em usar a palavra socialismo em seus discursos.

A atmosfera de carnaval político que tínhamos presenciado em Cleveland se repetia na Filadélfia; mas até certo ponto, já que o local da convenção republicana era bem mais central, o que ajudava a misturar as coisas. Para a convenção democrata, por mais que a cidade fervesse de eventos paralelos, quem se aproximava do complexo esportivo e da arena onde os oradores se sucediam era só quem conseguia, de fato, chegar até ali, e isso não era a coisa mais óbvia do mundo. Enquanto do lado republicano o trabalho dos jornalistas tinha sido o de tentar entender e explicar como o partido tinha rapidamente se transformado no partido de Donald Trump, mais do que qualquer outra coisa, entre os democratas o desafio era analisar como um partido que estava se encaminhando para fechar oito anos no governo chegava na convenção tão dividido. Isso mesmo com alguns feitos históricos, como a eleição e reeleição do primeiro presidente negro do país e uma reação bem coordenada à grande crise de 2008, que tinha recolocado a economia americana nos trilhos. Lá fomos nós ouvir analistas, cientistas políticos, militantes... e era entre esses últimos que as divisões ficavam mais evidentes.

Os mais jovens, como um grupo de ativistas do movimento negro, deixavam clara a falta de disposição em abraçar a candidatura de Hillary e levavam com orgulho camisetas, bonés e broches com o nome de Bernie. Os delegados mais experientes, vindos de todo o país, fechavam questão com a sra. Clinton e não escondiam certa irritação com o barulho inquieto da juventude. Olhando em retrospecto, dá para dizer que naquela convenção já estavam as sementes da pequena revolução interna que seguiu mudando a cara do Partido Democrata nos quatro anos seguintes, de novo fortalecendo uma pré-candidatura Bernie, mas, principalmente, elegendo parlamentares mais progressistas, como um grupo de deputadas das alas mais à esquerda, sendo Alexandria Ocasio-Cortez a mais conhecida delas.

Mas isso foi depois. Ali, na Filadélfia, assistíamos, mais uma vez, a uma sucessão de discursos num cenário com pouco espaço para o improviso e a naturalidade. Destaques do primeiro dia, lideranças sindicais, como o presidente da outrora poderosíssima mas ainda relevante Federação Americana do Trabalho e Congresso de Organizações Industriais (AFL-CIO), mas também gente do showbusiness, como a cantora Demi Lovato, a comediante Sarah Silverman, que fez um pequeno número ao lado do senador Al Franken, e a atriz Eva Longoria. Mas a principal atração perto do fechamento foi a fala da primeira-dama Michelle Obama, ressaltando a perseverança de Hillary ao longo da carreira. "Nunca desistiu de nada", anotei no caderninho. Aproveitou para criticar o estilo Trump, da falta de preparo à facilidade de explodir, do desprezo por informação bem apurada à opção de se comunicar pelas redes sociais, dizendo que um chefe de Estado precisaria de muito mais do que 140 caracteres para passar o recado. Quatro anos depois daquela noite, lembrando que esse foi o estilo Trump o tempo todo em que esteve no poder, a conclusão mais óbvia é que Michelle errou na avaliação. A derrota na campanha de reeleição do republicano, no entanto, pode indicar que ela estava certa.

Do meu lado, poucas vezes vi um discurso político tão forte, com a defesa das minorias, a exaltação à importância dos imigrantes e dos negros na construção dos Estados Unidos e da própria Casa Branca, lembrou Michelle, erguida por escravos. Nesse contexto, da importância ainda da candidatura de Hillary, para provar de uma vez por todas que uma mulher podia muito bem ser presidente do país mais poderoso do mundo. Discurso de estadista. Mas não foi o último da noite. O derradeiro foi do senador Bernie Sanders, que teve como principal característica de endossar, mesmo que não enfaticamente, a candidatura de Hillary. Convenhamos, os moderados do partido não poderiam exigir muito mais dele àquela altura.

Na segunda noite, depois de mais um dia de bastante trabalho, com idas e vindas constantes do centro de imprensa para a arena coberta, chamou minha atenção o trio que os organizadores programaram para o final. A ex-secretária de Estado, Madeleine Albright, preocupada com o que poderia ser uma política externa trumpista, e não poderia estar mais coberta de razão. Depois dela, a fala do antigo chefe, o ex-presidente Bill Clinton, que achei magro e envelhecido, depois de uma série de problemas de saúde, foi cheia de elogios à mulher, como esperado. Mas, na visão de muitos analistas, e na minha também, era um político com muito menos peso do que poderia ser se não tivesse sofrido tanto desgaste por conta do processo de impeachment, motivado por um caso extraconjugal largamente explorado na imprensa mundial. Como aconteceria com Trump durante o governo dele, em 1998 a Câmara votou pelo impeachment de Clinton, por perjúrio e obstrução de justiça, mas ele não foi destituído porque o processo foi barrado no Senado, onde os republicanos não garantiram os dois terços de votos necessários para tirá-lo do cargo.

No terceiro dia de convenção, conseguimos, depois de muito tentar, uma conversa com um dos estatísticos do site FiveThirtyEight, de Nate Silver. Originalmente especializado em estatísticas de esportes, e tido como muito preciso, aquele site tinha se tornado também uma referência como agregador e analista de pesquisas eleitorais. Ao longo de toda a campanha, inclusive nas convenções, indicava Hillary com boa vantagem sobre Trump. Seria assim até a véspera da votação, o que fez com que muitos tentassem desacreditar aquele trabalho. Cheguei a ter uma sensação semelhante, de um erro grotesco de avaliação. Anos depois, tinha mudado de opinião, achando que na verdade faltou bom senso a quem lesse aquelas análises. Para entender que uma probabilidade maior não é uma certeza, por mais que uns e outros queiram que seja. De toda forma, quem acompanhou o trabalho do site no ciclo eleitoral seguinte, notou mudanças no jeito de compilar e apresentar os números. Mesmo assim. Os resultados da eleição não foram antecipados com a precisão que muitos esperariam, e continuarão esperando.

No final da tarde, tumulto perto do centro de imprensa. Dezenas, centenas de apoiadores de Bernie Sanders protestando contra a direção do Partido Democrata e contra a cobertura da imprensa. No meio da multidão, a atriz Susan Sarandon e o ator Danny Glover, conhecidos militantes democratas, furibundos. Lá dentro da arena, o melhor orador do partido se preparava para falar. O presidente Barack Obama procurou dar um tom otimista às chances dos democratas, apesar das claras e sonoras divisões na militância. No terço final, pediu que os eleitores rejeitassem o cinismo e o discurso de medo para garantirem a eleição de Hillary Clinton. Foi a deixa para a entrada da candidata em cena, de Hillary, tailleur azul, sorrisão além do comum no rosto e um abraço apertado no homem que em 2008 tinha acabado com o sonho dela de concorrer à presidência, mas que depois a convidou para ser a responsável pela política externa do governo dele.

No quarto e último dia da convenção, o cansaço bateu. Mesmo assim, lá estávamos mais uma vez no meio do circo da cobertura democrática. Admito que uma das coisas que me animou na parte final da cobertura foi poder ver um antigo ídolo meu do basquete, que também tinha uma longa história de militância pelos direitos dos negros, o grande Kareem Abdul-Jabbar, que começou seu discurso fazendo graça: "Sou Michael Jordan e estou com Hillary", para delírio da plateia. "Disse isso só porque sei que Donald Trump não notaria a diferença", completou. Mais aplausos e risos. Num tom mais sério, falou das contribuições da comunidade muçulmana para os valores dos Estados Unidos, contrapondo aos preconceitos desfiados pelos republicanos dias antes. Emendou com uma crítica sobre a visão do que são liberdades religiosas para os grupos conservadores de extrema direita, na verdade o oposto de liberdade, já que permitem que um grupo desrespeite os valores de outro alegando estar defendendo a sua própria liberdade. Valia para os Estados Unidos, mas também para muitos outros países, entre eles o Brasil.

Antes do último discurso do evento, da candidata, ainda teve espaço para uma fala da cantora Katy Perry. Definitivamente, o showbiz estava mais uma vez com os democratas. Para o discurso histórico da primeira mulher aceitando a candidatura à presidência dos Estados Unidos, Hillary tinha trocado o azul por um conjunto branco. Fez uma defesa apaixonada do sistema de saúde que o governo Obama tinha tentado mudar drasticamente e que Trump prometera desmontar. Não poupou o adversário de duras críticas, disse que ele não tinha preparo para ser comandante ou chefe, que não tinha o conhecimento para tomar decisões em tempos de crise, que só sabia falar nas redes sociais. Lembrou que o mundo estava de olho nos Estados Unidos. De fato estávamos.

Meses depois, testemunharíamos a derrota dela para Donald Trump. Não no voto popular, no qual ela venceu por quase três milhões de votos de diferença, mas na votação do colégio eleitoral, que no sistema americano computa um número x de votos especiais, digamos assim, para cada estado. Quem vencer naquele estado, com duas pequenas exceções que não vou te chatear explicando agora, leva todos os votos, não importa a diferença dessa vitória. No cinturão da ferrugem, Trump foi cirúrgico e surpreendeu analistas e estatísticos, vencendo onde precisava vencer.

Também tive minhas pequenas vitórias pessoais. Conheci um pouco mais da alma americana, em doses concentradas, das entranhas daquele sistema e do inacreditável aparato de marketing e mídia, que transforma eventos partidários em shows. Testemunhei a sempre impressionante força da economia americana e suas possibilidades, mas também guardei na retina imagens de uma desigualdade social que cresceria nos anos seguintes. Sem-teto nas ruas, gente pedindo esmolas, trabalhadores em greve por melhores salários. Vi ainda como as redes sociais têm a capacidade de consolidar os mais absurdos fenômenos políticos, sendo Trump o símbolo maior dessa categoria, e como ainda temos muito o que entender das influências de atores externos em processos eleitorais como o dos Estados Unidos. Vi finalmente, mais uma vez, como a democracia tem suas particularidades e que aperfeiçoá-la é um desafio constante.

Nesse contexto, tive a certeza de que, do jeito que for, na plataforma que for, sempre vai haver espaço para o bom jornalismo que tem, entre muitas obrigações, a de fiscalizar o poder e trabalhar pela liberdade de cada cidadão. Escrevendo assim, nem pareço muito eu. Quem sabe foi influência ainda daquele grupo de visionários que, da Filadélfia, ajudou a levar adiante uma revolução, lutou por independência e assentou as bases de uma Constituição?

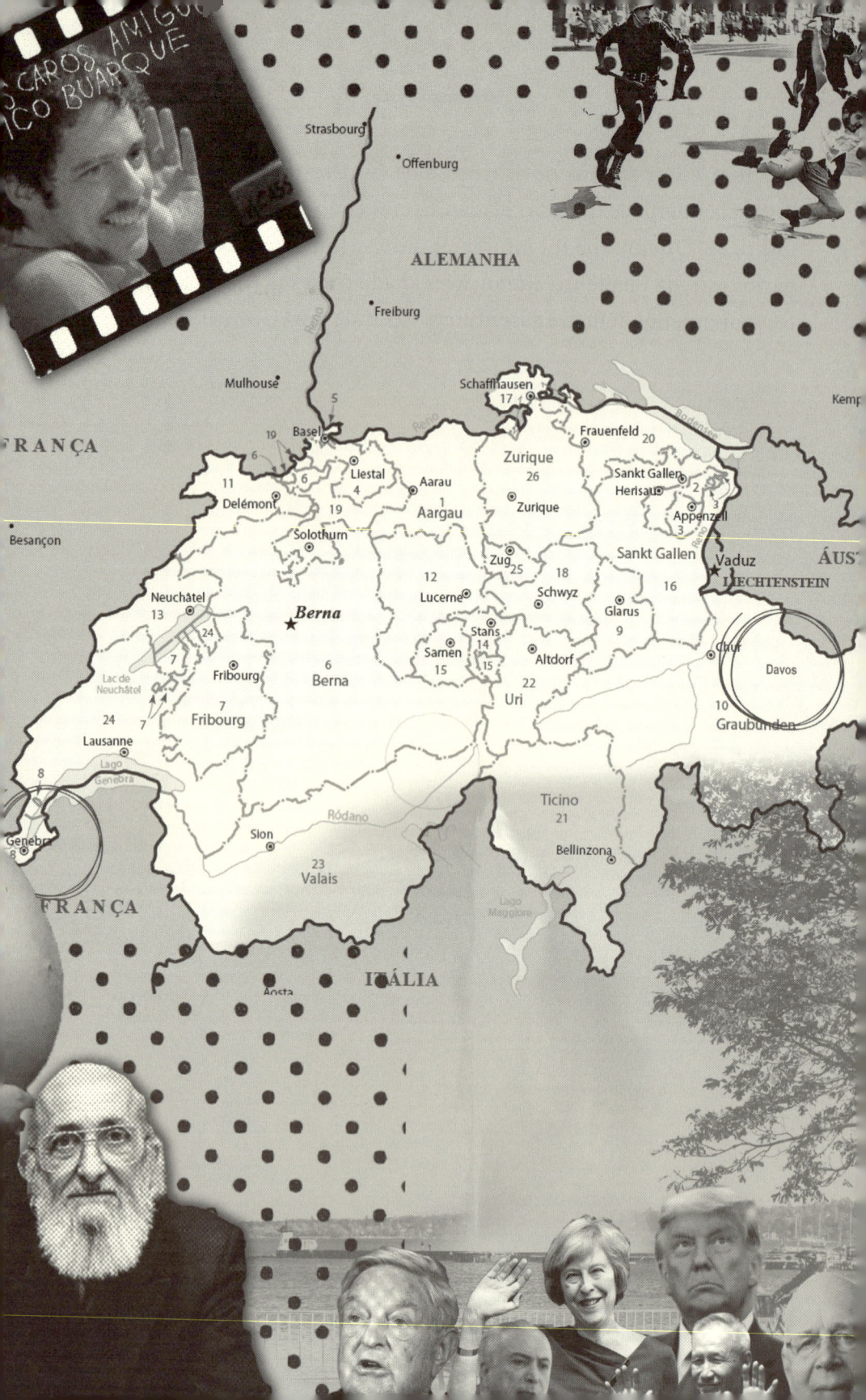

Strasbourg
Offenburg
ALEMANHA
Freiburg
Mulhouse
Schaffhausen
Basel
Frauenfeld
FRANÇA
Delémont
Liestal
Aarau
Zurique
Sankt Gallen
Herisau
Besançon
Solothurn
Aargau
Zurique
Appenzell
Sankt Gallen
Vaduz
LIECHTENSTEIN
ÁUS
Neuchâtel
Lucerne
Zug
Schwyz
Glarus
Samen
Stans
Altdorf
Chur
Lac de Neuchâtel
Fribourg
Berna
Uri
Davos
Fribourg
Berna
Graubunden
Lausanne
Lago Genebra
Sion
Ticino
Genebra
Ródano
Bellinzona
FRANÇA
Valais
Lago Maggiore
Aosta
ITÁLIA

Montanhas de lembranças

Desde pequeno, sempre que estou lendo um livro que me agrada, à medida que vou chegando ao fim, notando o volume de páginas na mão direita ficando menor do que o da esquerda, vai me dando uma tristeza, uma sensação de proximidade do vazio, que tem como principal efeito prático a desaceleração do ritmo da leitura. Talvez seja assim com você também. É besteira, sei. Livro é para ser lido até o fim, ainda mais livro com o qual de alguma forma nos identificamos. Tudo isso para dizer que, pela primeira vez, escrevendo os textos que formam os capítulos que integram este livro, estou tendo uma sensação parecida, só que ao contrário. Nos últimos dias, quebrei a rotina de escrita diária, pulei várias noites, que são o momento mais propício, por ser o mais calmo, na casa e na cabeça, optando por deixar em branco este derradeiro capítulo. Obviamente, se eu não escrevesse isso, você jamais saberia. Agora sabe, e, já que compartilhei essa pequena angústia, posso seguir adiante.

Este capítulo se passa entre meados da década de 1970 e 2018, com a memória fazendo a ponte e os pensamentos indo de um lado para o outro dela. Entre o calor do Brasil e o frio da Suíça, com tudo e todos que, de alguma forma, chamaram a minha atenção nesse período, nos lugares visitados e nos contextos registrados.

Verão firme ao sul do equador, tinha acabado de regressar com a família de uns dias reparadores — para dizer o mínimo — em Trancoso, sul da Bahia. Durante muito tempo, vale registrar, resisti à ideia de férias praianas naquele balneário, por conta das informações que se acumulavam sobre a valorização dos imóveis, fruto direto de um processo de gentrificação alimentado pelo aumento do fluxo de turistas do Sudeste, principalmente, mas não apenas, de São Paulo. Filiais de lojas e restaurantes paulistanos tinham sido abertas, ou abriam a cada verão, no famoso Quadrado e no entorno da parte histórica daquele distrito de Porto Seguro. Baladas caríssimas marcavam as celebrações de Ano-Novo. Gente que gostava de ser vista, eventualmente também de ver, tinha adotado o local como parte do circuito de veraneio hypado, como gostavam de dizer. Mas naquele verão me rendi. Teríamos poucos dias para ficar juntos e sem compromissos outros; Tom, meu pré-adolescente mais querido, Joca, um pouco mais novo e tão querido quanto, e minha morena dos olhos amendoados, Clarissa. Aliás, se não fosse por ela, a família não teria conhecido Trancoso. Fez a pesquisa dos voos mais em conta, das pousadas que ainda valiam a pena, do aluguel do carro, tudo. E ninguém se arrependeu, muito pelo contrário. Fugindo das armadilhas para turista, dos pontos de música localizados em algumas praias mais frequentadas e dos preços exorbitantes embutidos em algumas grifes forasteiras, Trancoso é uma lindeza. E pode, sim, ser um oásis de paz, tranquilidade, sol, sombra e água de coco fresca, com toques de caipirinha e fartas porções de acarajé, moqueca e frutos do mar.

Foi a segunda vez, em poucos anos, que eu queimei a língua e adorei passar alguns dias como mero turista num destino eminentemente turístico. A outra tinha sido um pouco antes dessa, num inverno, para aproveitar um pouco das férias de julho com os meninos. Aí fomos para Gramado, que eu nunca tinha pensado em visitar por puro e tolo preconceito, como é todo preconceito, quando não é simplesmente estúpido e violento. Com o clima temperado e úmido da Serra Gaúcha e uma organização excepcional, a começar pelo trânsito civilizado e a quase total ausência de sinais/semáforos/faróis nas ruas, Gramado remetia muito mais a algo próximo da ideia que muitos brasileiros têm da Suíça do que a qualquer outra coisa. Suíça, que seria o destino de mais uma viagem de trabalho, logo depois de retornar ao Rio, vindo de Trancoso. Quer dizer, vindo de Porto Seguro, onde fica o aeroporto que serve àquela aprazível e belíssima região.

No Rio, em meados de janeiro, achava que já tinha esgotado todas as possibilidades de finalmente, como havia sido aventado, participar *in loco* da cobertura do Fórum Econômico Mundial, que realizaria dali a algumas semanas mais uma reunião anual, como acontecia desde 1974. Na verdade, o Fórum é o desdobramento de outra iniciativa de seu fundador, Klaus Schwab, engenheiro e economista alemão que, em 1971, criou o Simpósio Europeu de Gestão. O objetivo inicial, como ele mesmo me disse numa conversa informal antes de gravar uma entrevista em São Paulo, em 2017, era aproximar a forma de gestão europeia da americana, que ele tinha como mais ágil e contemporânea. Com o tempo, outras questões foram sendo incluídas nos debates, e nasceu o Fórum Econômico Mundial no formato que mantém há décadas, com algumas pequenas modificações e as necessárias atualizações. Uma instituição que produz pensamento crítico, estudos, seminários e relatórios sobre economia e sociedade, empreendedorismo e interação entre público e privado. Klaus Schwab, na tal entrevista, me garantiu que o Fórum não tem afiliação política, mas, é claro, defende a sociedade de mercado, com eventuais ajustes, as liberdades individuais e o empreendedorismo privado. Nos últimos anos, é bem verdade, aumentou na agenda de discussões e pesquisas o espaço dado ao enfrentamento das desigualdades, que o próprio Schwab vê como uma das ameaças ao desenvolvimento econômico. Esse espaço aumentou inclusive por conta de debates levantados por outro encontro, o Fórum Social Mundial, que a partir de 2001 chegou, se não a disputar o protagonismo com o Fórum Econômico, pelo menos a dividir os holofotes e as atenções da mídia com a palavra de ordem "Um outro mundo é possível".

A ideia desses encontros, promovidos por movimentos sociais e pela chamada "sociedade civil organizada", era rivalizar com o grande evento anual do Fórum Econômico, realizado a cada janeiro no país de adoção de Schwab, a Suíça, mais precisamente nos Alpes, na pequena comuna de Davos, que a cada ano vê sua população (em 2018 de cerca de 12 mil pessoas) multiplicada. O evento atrai milhares de jornalistas, um grande contingente de policiais e outros agentes vindos de todo o país, além da segurança oficial de cada uma das delegações dos setenta chefes de Estado e das equipes de segurança particular das centenas de CEOs de algumas das maiores empresas do mundo. Os números exatos do esquema de segurança nunca são divulgados por questões de… segurança. Mas na edição de 2018 as autoridades confirmaram que cinco mil seria o contingente máximo autorizado pelo cantão dos Grisões, onde fica Davos, a ser mobilizado junto à Confederação Helvética ou Confederação Suíça, o nome oficial do país. Isso dá uma ideia do esquema do governo, mas nunca esteve claro para o público externo, por exemplo, o total de integrantes de agentes mobilizados para proteger Donald Trump em sua primeira participação no evento que simboliza muitas das coisas contra as quais o então presidente americano sempre pregou: a globalização, o multilateralismo, a cooperação entre blocos de países, os organismos internacionais. Aliás, a participação de presidentes americanos nem é tão comum assim em Davos. Trump foi o primeiro presidente dos Estados Unidos a comparecer ao evento depois de Bill Clinton, no ano 2000.

A delegação brasileira foi chefiada por Michel Temer, que assumira o cargo presidencial no meio de 2016, ao final do controverso e questionado processo de impeachment que tirou do poder Dilma Rousseff, a mulher que o havia convidado a formar uma chapa com ela, como vice, em 2010 e repetido a dose em 2014.

O presidente da França, Emmanuel Macron, e o primeiro-ministro da Índia, Narendra Modi, estavam entre as autoridades mundiais com presença confirmada nas nevadas montanhas de Davos, que, eventualmente na primavera, poderiam até fazer um visitante brasileiro se lembrar de Gramado.

Mas eu ainda estava no Rio naquele início de janeiro, sem acreditar muito na possibilidade de ir a Davos. Os prazos para a confirmação do credenciamento tinham se esgotado, demoramos a fechar um planejamento com as devidas verbas e tudo indicava que, mais uma vez, cobriria o Fórum à distância, de olho no trabalho da minha amiga Bianca, incansável e proativa correspondente na Suíça, dos colegas brasileiros e da imprensa internacional. Por issso foi uma bem-vinda surpresa a notícia que chegou pela produção do escritório de Londres, que coordenava esse meio de campo, dando conta que tinham conseguido uma credencial de última hora. Não uma daquelas que davam acesso a todos os lugares relevantes a qualquer momento, mas era uma credencial mesmo assim. Para mim, aquilo já era relevante o bastante.

Ainda às voltas com os efeitos do sol do sul da Bahia, comecei a fazer uma mala de frio. Pedi emprestados casacos a amigos, aqui e ali, resgatei parte das roupas da viagem à Sibéria, principalmente luvas e ceroulas, ou segunda pele térmica, em sua versão contemporânea.

Dali para as burocracias tradicionais, o acerto do programa de trabalho, com gravação de entrevistas, entradas ao vivo comentando os debates e ainda um programa inteiro batendo bola com a minha amiga Flávia, jornalista especializada em economia, no Rio, e inserindo material gravado *in loco*. Bastante coisa, o que era ótimo.

O roteiro da viagem era Rio-São Paulo-Zurique. Na capital financeira suíça, encontro marcado com o repórter cinematográfico Ross, minha dupla, que chegaria de Londres. Dali, seguiríamos de carro rumo a Davos. Quer dizer, primeiro rumo a Klosters, vilarejo a alguns quilômetros da sede do evento, que concentrava boa parte da imprensa internacional e das delegações, já que Davos não comportava tanta gente. Importante ressaltar que, se Davos já tem lá suas partes enfeadas por construções modernosas — um grande hotel de rede americana aqui, o próprio centro de convenções onde acontecem os principais eventos do Fórum ali —, Klosters é aquele típico vilarejo suíço que garante imagens para tampas de caixas de chocolate, com muitos chalés. Chato é o deslocamento entre uma cidadezinha e outra, que, mesmo sendo de poucos quilômetros, acaba levando um tempo razoável por conta dos congestionamentos e das barreiras policiais.

Como já havia acontecido numa viagem para os Estados Unidos, na qual o nome do cinegrafista, Rob, me enganou e eu esperava encontrar um colega americano, para essa empreitada helvética o repórter cinematográfico atendia pelo nome de Ross. Eu me adiantei para evitar surpresas e perguntei se era inglês... Nada, brasileiríssimo, mas de mãe inglesa. Grande figura, o Ross, descobriria logo. Para começar, bem-humorado. Só para dar uma ideia, conto logo um episódio do final da viagem que nem começou de fato nessas linhas.

Véspera da partida de Davos rumo a Zurique e daí cada um para seu país de residência, entramos numa loja para comprar umas lembrancinhas. Já tinha visto na vitrine os canivetes suíços que levaria para os meninos. Um clássico, lembrei de quando ganhei meu primeiro, com uns oito anos. Tudo certo. Ross demorou para decidir o que levar para a mulher dele. Reapareceu dali a pouco com um sorrisão maroto. Na mão, um cartão-postal. "Vou dar para ela esse aqui, o que é que você acha?" Na foto, uma moça, talvez suíça, de costas, com um maiô vermelho bem cavado, sentada na neve, olhando o horizonte, ou pelo menos de frente para a paisagem. Ante meu espanto curioso, ele continuou: "Ela não vai entender, vou rir, dizer que é brincadeira e dar isso aqui." Aí puxa um segundo cartão-postal, igualzinho ao primeiro. Em meio às próprias risadas, manda: "Aí, antes que ela fique chateada de fato, vou dizer que é brincadeira, de novo, e dar isso aqui." E puxou uma vaquinha de madeira feita à mão (na Suíça ou na China). Sorri e saímos da loja. Mas isso foi depois. Antes, teve bastante coisa.

Saí do Rio num dia de muito calor, sol forte e céu azul. Na escala em São Paulo, chovia lá fora. Mais um voo de 11 horas e desembarquei em Zurique. Sabia que precisava esperar o Ross cerca de uma hora antes de seguirmos viagem e resolvi revisitar minha infância. Numa farmácia dentro do aeroporto, comprei a pasta de dentes da marca que usei desde que cheguei para morar em Genebra, no mesmo ano de 1974 em que o Fórum Econômico Mundial foi criado. Também encontrei uma escova de dente da marca que usava naquele passado quase remoto, mas sempre vivo na memória. Pertinho da farmácia, a volta à infância se deu também pelos sabores. Uma caixinha de balas pretas de alcaçuz (*réglisse*, em francês, *liquirizia*, em italiano, como aprendi ao longo dos anos) e um pacote de Chocovo (barra de ovomaltine prensado coberta de chocolate ao leite). Estava pronto para esperar o Ross.

E esse hiato é a oportunidade para contar por que eu fui morar na Suíça quando criança. Como já mencionei em algum momento, tenho raízes pernambucanas, com muito orgulho. Marcos, meu pai, que o Altíssimo o tenha em bom lugar, e Fáfá (Maria de Fátima), minha querida mãe, nasceram no Recife. Lá se conheceram, nos movimentos estudantis católicos, ambos próximos às alas mais progressistas da Igreja, mesmo minha mãe sendo filha de um advogado conservador — ou talvez justamente por isso. Um irmão dela, tio Paulo, também fez direito e acabou virando delegado de polícia. Outro, tio Antoninho (que herdou o nome do meu avô, assim como meu filho mais velho), também advogado, acabou se casando com a filha de Gilberto Freyre, tia Sônia. Reza a lenda da família que o também pernambucano Marco Maciel, que viria a ser vice-presidente nos governos Fernando Henrique, nutria simpatias pela minha mãe e que meu avô simpatizava com a ideia. Mas ela, que nas aulas de serviço social fora aluna de Paulo Freire, o imenso educador, de obra mundialmente reconhecida, foi se apaixonar pelo Marcos, com "s", e ele por ela. Formado em sociologia, meu pai teve como referência política inicial Pelópidas da Silveira, primeiro prefeito do Recife eleito por voto popular, em 1955, que ocuparia o cargo três vezes, tendo sido ainda secretário de transportes (viação) no governo estadual.

Dr. Pelópidas, como era chamado, deixou marcas em projetos de urbanização, saneamento e transporte públicos, com políticas focadas nas populações de baixa renda. Foi secretário no governo Miguel Arraes, que havia sido seu sucessor na prefeitura, diga-se, apoiado por ele. Era do antigo PSB, um partido político progressista afeito ao diálogo e à construção. Depois do golpe militar de 1964, Pelópidas foi taxado de comunista, teve mandato cassado e foi preso.

Com a perseguição política reinante, meu pai acabou sendo forçado a sair do país uma primeira vez, indo para a França e para a Argélia, junto com um grupo ligado ao também perseguido Arraes. Detalhe: meu avô pressionava para que o casal só viajasse casado. Porém, com os riscos daquele momento, meu pai não podia se descuidar. Resultado: o casamento teve que ser feito por procuração, com meu avô fazendo o papel do marido. O que seria um prato cheio para qualquer analista virou piada de família, com minha mãe sempre contando, orgulhosa, detalhes daquele dia em que se casou com o próprio pai.

Em 1966 o casal voltaria ao Brasil, com a minha mãe grávida da primeira filha, minha irmã, Renata. Dois anos depois, nasci eu, na Pró Matre, na avenida Paulista, graças à amizade, ao afeto e à mobilização daquela que viria a ser minha madrinha, dra. Cecília Magaldi, que viabilizou o parto. Médica infectologista, Cecília fez carreira em Botucatu, chegou a ser professora emérita na Faculdade de Medicina, foi por três vezes secretária municipal de Saúde e, já aposentada, trabalhou com afinco na Ação da Cidadania, iniciativa criada pelo sociólogo Betinho, o "irmão do Henfil" da letra de Aldir Blanc na parceria com João Bosco. Betinho, que também foi forçado a deixar o Brasil "num rabo de foguete", foi contemporâneo da minha família nas andanças pelo exterior forçadas por aquele turbilhão político.

Em 1972, nasceria, no Rio, minha irmã Juliana, em pleno governo Médici. O regime de exceção vivia tempos particularmente duros, meu pai numa semiclandestinidade, minha mãe segurando a normalidade de uma família de classe média de Ipanema e, depois, Laranjeiras, até que a coisa apertou de novo, com a pior onda de repressão do regime, e meu pai viu-se obrigado a deixar o país. De novo. Dessa vez, com a família toda.

Com isso, por motivos alheios à minha vontade e à dos meus pais, aquele ano de 1974 marcou minha primeira viagem internacional. Antes dela, minha mãe, minhas irmãs e eu saímos do Rio para uma temporada no Recife, onde comecei aulas de alfabetização e minha irmã Renata já avançava no curso primário, os dois acolhidos na escola frequentada por primos queridos. Mas isso só até que meu pai se juntasse a nós. Na noite das despedidas, lembro da emoção dos parentes e amigos no aeroporto dos Guararapes, enquanto a molecada brincava de escorregar no chão liso. Lembro também de uma certa apreensão, que só entenderia muito tempo depois, quando, já no avião fomos avisados de que todos precisariam desembarcar. Mas foi apenas um susto. Imagino que raras vezes a suspeita de um problema técnico num avião logo antes da decolagem tenha sido recebida com tamanho alívio.

Partimos para Paris, onde já havia gente amiga morando, inclusive um irmão e uma irmã do meu pai. O voo fez escala em Dacar, no Senegal, mas não creio que possa contar como minha primeira viagem à África. Nem saímos do avião. A capital francesa seria também um pouso provisório. Nosso destino, como foi acertado, seria Genebra, na Suíça, onde já viviam brasileiros que deixaram o país por motivos semelhantes — ou seja, haveria uma rede de apoio — e onde meu pai assumiria o escritório da filial da empresa de comércio internacional que meu tio dirigia, de Paris. Os primeiros dias em Genebra, pacata e cosmopolita cidade à beira do lago Léman, cercada de França por quase todos os lados, foram vividos num hotel, enquanto meus pais procuravam um imóvel para alugar. Foi ali que comecei a aprender francês, antes mesmo de saber escrever direito em português. Devo essa educação bilíngue à ditadura.

Em algo como dois meses e pouco, tínhamos endereço fixo. Um funcional apartamento num prédio de linhas modernas e todo em cimento armado, na *rue du* XXXI Décembre. A rua deve seu nome ao 31 de dezembro de 1813, quando Genebra voltou a ser independente depois de 15 anos sob o domínio da França. Menos de um ano depois, a cidade integraria a Confederação Helvética.

Fomos parar ali graças à dica de outros brasileiros, que também tinham saído do país naqueles tempos duros. Claudius Ceccon era da turma d'O *Pasquim* e tinha deixado o Rio com Jô, sua esposa, e os filhos, Flávio e Claudia. Eles moravam não apenas na mesma rua, mas no prédio da frente. Não foram poucas as vezes em que jantamos juntos, ainda que separados. Viramos amigos da vida toda naquela rua, que tinha como grande atrativo o fato de ficar em frente a um dos cartões-postais da cidade, o Jet d'Eau. Sim, como o nome em francês diz, trata-se de um Jato d'Água, que jorra, do meio do lago, a uma altura de 140 metros, para encanto de moradores e turistas. Em algumas ocasiões do ano, o imenso jato branco em alta pressão é iluminado e ganha cores; em outros, é desligado por conta do frio. Mas no geral, como quando chegamos ali, é aquele portento de água jorrando, sempre igual e sempre diferente, de acordo com o sol e o vento.

Aprendi na escola pública que frequentei que o Jet d'Eau nasceu, por assim dizer, no final do século XIX, quando Genebra viveu um boom populacional, com o número de habitantes passando, em poucos anos, de 64 mil a cem mil. Para suprir a demanda de energia, foi construída uma usina hidrelétrica para aproveitar a força do rio Ródano, que entra por um lado do lago, a leste, e sai dele exatamente por Genebra. Grandes bombas hidráulicas eram usadas então para produzir a energia que alimentava residências e, principalmente, as indústrias da cidade, notadamente as muitas fábricas e ateliês de relojoaria, um dos carros-chefes locais, junto com as finanças e organizações internacionais. O problema é que, à noite, quando o trabalho era interrompido na indústria, havia uma correria tensa para interromper o funcionamento das bombas e evitar o colapso do sistema por excesso de pressão nos dutos. A solução dos engenheiros, que podia ter sido pensada antes mas foi pensada na necessidade, foi contornar esse problema criando, literalmente, uma válvula de escape para a água em alta pressão. Daí que toda noite e até o amanhecer do dia seguinte, os cidadãos de Genebra passaram a ser brindados com um jato d'água que chegava a uns trinta metros inicialmente e aliviava a pressão que, de outra forma, poderia acabar danificando o sistema. Em 1891, melhorias no sistema de transmissão da hidrelétrica tornaram dispensável a válvula de escape. Mas o jato já era uma atração da cidade. Ele mudou de lugar, foi colocado ao final de um píer no bairro Eaux-Vives (Águas Vivas), exatamente em frente à *rue du* XXXI Décembre, onde, naquele ano de 1974, enquanto empresários e lideranças políticas discutiam os rumos da economia mundial em Davos, chegava uma família brasileira de classe média para uma temporada que ninguém sabia ao certo quanto tempo duraria.

Na minha cabeça de criança, durou o tempo de duas Copas do Mundo: a na Alemanha, em 1974, e a na Argentina, em 1978. Tempo suficiente para aprender a ler e escrever (e falar) em francês e a ter meu primeiro contato com a literatura infantil brasileira, com Monteiro Lobato e os livros da turma do Sítio do Picapau Amarelo, que minha irmã Renata tinha a paciência de ler para mim enquanto eu ainda engatinhava na leitura. Assim que dominei essa ferramenta, era com ela também que passava horas numa biblioteca pública, descobrindo o mundo. Em casa sempre se leu muito. A pergunta clássica do meu pai era "Tá lendo o quê?". Aqui e ali, aparecia uma publicação brasileira, enviada ou trazida por algum amigo, mas líamos muito jornais suíços e literatura infantojuvenil francesa.

O educador Paulo Freire foi nosso contemporâneo em Genebra, e de vez em quando íamos visitá-lo. Lysâneas Maciel, deputado do MDB cassado pelos militares, foi outro, criando mais uma família amiga, com a esposa, Regina, e os filhos Andreia, Armando e Antônio Carlos, o popular Zuza. Um dia, Lysâneas recebeu uma fita cassete do Brasil e os adultos se mobilizaram para uma audição. Era a versão em fita do LP *Meus caros amigos*, de Chico Buarque, lançado em 1976, que tinha na música "Meu caro amigo" um recado para os compatriotas que, naquele momento, não podiam viver no Brasil.

A essa altura, já tínhamos nos mudado para um segundo apartamento, que merece o registro. Um achado do meu pai, que pescou a informação sobre a reforma de um prédio que era patrimônio da cidade e onde havia algumas unidades vagas. Claro que só descobri isso tudo depois. Na época, lembro da felicidade de estarmos nos mudando para um apartamento bem maior do que o primeiro, nos limites do mesmo bairro onde morávamos, um pouco mais perto da nova escola, com um quarto para cada filho. Achei sensacional. Mais tarde, quando descobri a história do prédio, achei mais sensacional ainda.

O edifício Clarté (em português, claridade), também conhecido como Maison de Verre (ou Casa de Vidro), é um projeto de 1930 de um filho da terra, no caso a terra sendo a Suíça, depois naturalizado francês: Charles-Édouard Jeanneret-Gris, conhecido no mundo pelo pseudônimo Le Corbusier, um gênio da arquitetura modernista, que tanto influenciou Oscar Niemeyer. Apesar de esse último ter paixão pelas curvas e o primeiro ser um grande defensor da linha reta, Le Corbusier e Niemeyer tinham lá suas interseções e chegaram a trabalhar juntos, com mais outros arquitetos, no projeto do edifício-sede da Organização das Nações Unidas, em Nova York. Um prédio que substituiu definitivamente a sede da antiga Sociedade das Nações, que deu origem à ONU e fica em Genebra. Mesmo perdendo a ONU, a cidade ainda é referência em organismos internacionais por sediar a Organização Internacional do Trabalho, a Organização Mundial da Saúde, a Organização Mundial do Comércio e a Cruz Vermelha Internacional, entre outras.

E o prédio residencial projetado por Le Corbusier? Na mistura entre minhas impressões de criança e o que aprendi depois, posso dizer que era confortável, espaçoso e tinha bom aproveitamento da luz. Bom, não; excelente. Daí, inclusive, o nome "claridade". As fachadas tinham janelões com grandes folhas de vidro e esquadrias de aço que deslizavam sobre bilhas, uma novidade e tanto em 1930. Nos corredores e escadas internas das áreas comuns, o chão era de tijolos de vidro, que deixavam passar a luz. Do teto do edifício, também de vidro, a luz solar iluminava o pátio interno. Um cano de ferro pendia até o térreo com luzes a cada andar. Muitas ideias que parecem simples, mas precisaram ser pensadas e executadas por alguém lá na década de 1930. Teve ideia que não foi adiante também, como o botão para chamar o elevador de dentro de casa. Perfeito para quem toma café da manhã atrasado, mas pelo visto não vingou. Ah, sim, pela primeira vez, Le Corbusier projetara um edifício residencial com apartamentos de dois andares. Meu quarto era o único no primeiro andar do duplex.

Relembrei de muitos desses momentos, dos fatos e das pessoas da longa temporada em Genebra durante a viagem do Rio até

Davos naquele 2018. Menos de 24 horas depois de deixar o calor do Rio estava com Ross no carro conduzido pelo Jurg, motorista, mas também guia de montanha, especialista em resgate na neve, amante daquela região montanhosa, fluente em inglês, francês, alemão e um belo papo.

Chegamos a Klosters já de noite, nevando bastante. Na porta do pequeno edifício de apartamentos (com acabamento de chalé, para não destoar), uma boa camada branca se acumulava. Deixamos as malas, encontramos a Bianca e o repórter cinematográfico que trabalharia com ela, Erivan, e fomos comer algo. O restaurante ficava perto, virando a esquina, e aparentemente só tinham tirado a neve que obstruía a entrada. De cada lado uma parede de uns dois metros, formando um corredor branco e gelado até o nosso objetivo. Sim, estava mesmo na Suíça.

O pessoal pediu sopa, um prato de carne ensopada com *spätzle*, uma massinha leve que os suíços adoram. Optei por comer uma entrada como jantar, era mais uma chance de voltar à infância. Pedi uma bela porção de *viande des Grisons*, ou carne dos Grisões, que, simplificando, é uma carne-seca feita seguindo a tradição do cantão dos Grisões. Cantão é a divisão administrativa que forma a Confederação Suíça, um equivalente aos estados brasileiros. Genebra fica no cantão de mesmo nome; Lausanne, no vizinho cantão de Vaud; Gstaad, no cantão de Berna; e Davos e Klosters ficam no cantão dos Grisões, no leste do pequeno país.

O método tradicional consiste em pegar uma bela peça de patinho ou coxão mole, temperar com sal e especiarias, entre elas pimenta do reino e cravo. Depois, por um período que pode variar de três a seis meses, essa carne é seca ao ar livre (e gelado da montanha), sendo prensada algumas vezes ao longo desse processo. O resultado são paralelepípedos de carne maturada, escura, saborosa e com pouca gordura. A forma clássica de comer essa carne é em finíssimas fatias, com um pão preto e, eventualmente, picles de cebola e pepino. Foi o que fiz, contando ainda com a ajuda de um vinho nacional, suíço, bem decente.

Aquela foi a única noite de conversa tranquila e calorosa da breve estadia em Davos. Nos dias que se seguiram, invariavelmente trabalhamos mais de dez horas, as nossas equipes se viam rapidamente no centro de imprensa, junto de alguns colegas brasileiros e centenas, milhares de jornalistas do mundo todo. Depois de correr atrás de entrevistados, acompanhar seminários, fazer boletins ao vivo e ainda dar conta da agenda do presidente do Brasil, éramos sempre os últimos a sair e, àquela altura, o único lugar aberto por perto era uma pizzaria, que dava conta da nossa fome.

Na última noite, conseguimos chegar atrasados para o jantar (fondue) de confraternização dos jornalistas internacionais. Nosso *multi-task* Jurg foi a salvação, ao convencer, num telefonema, um amigo italiano a manter aberto o restaurante que estava fechando. Chegamos famintos, combinamos um cardápio e deu tudo certo. Chamava a atenção naquele restaurante a quantidade de memorabilia ligada à Scuderia Ferrari na decoração. O dono era um apaixonado pelos bólidos do cavalinho. A alta temporada do restaurante dele era o inverno e, nos meses em que ficava fechado, ele aproveitava para acompanhar parte do circuito da Fórmula 1. Uma vida boa, que me fez lembrar de outro italiano radicado nas montanhas suíças e que conheci na pousada de uns amigos no litoral norte de Alagoas alguns anos antes.

Ele era da Sardenha, a ilha italiana no mar Tirreno, que fica ao lado da Córsega, francesa, e tinha nos Alpes um restaurante de culinária sarda, que consistia basicamente em frutos do mar frescos. Ele me explicou que, uma vez por semana, um avião desembarcava em Zurique com uma carga de pescados que era embarcada num caminhão frigorífico e despachada para a montanha. Naquela mesma noite, um cliente podia degustar uma lagosta, um polvo ou camarões pescados menos de 24 horas antes.

No corre-corre das palestras e entrevistas, tentávamos pescar os peixes grandes. O maior deles, sem chance. Donald Trump passou dois dias na Suíça, mobilizou um grande esquema de segurança, mas falou pouco. Teve um jantar com dirigentes de algumas das maiores empresas do mundo no dia em que chegou, mas guardou quase tudo para o pronunciamento do dia seguinte, no auditório principal do centro de congressos de Davos. Quase tudo, no caso, foi um discurso menos inflamado e mais pragmático, lembrando que os Estados Unidos, que ele governava há um ano, vinham apresentando bons resultados nas taxas de desemprego e nos resultados do mercado financeiro. Já retomando o tom de campanha, que ele nunca abandonou de todo, repisou a promessa de endurecer a política de imigração e de priorizar investimentos em território americano. Já no finalzinho, quando o anfitrião Klaus Schwab faz umas poucas perguntas ao convidado da vez, Trump disse que já era hora de um homem de negócios governar os Estados Unidos, e ele se considerava um homem de negócios de grande sucesso. Como já havia se tornado uma tradição instantânea, reclamou do tratamento que recebia da imprensa desde que tinha abraçado a carreira política e, sem nenhum embasamento, como fez ao longo de todo o governo, acusou a mídia de propagar mentiras sobre ele. Ou seja, o mesmo Trump da campanha.

Por conta das limitações da minha credencial, acompanhei esse pronunciamento do lado de fora, pelos telões, e de Trump só vi ao vivo a saída do comboio que o levou ao helicóptero militar que, por sua vez, o levaria de volta a Zurique e dali para Washington. Tive mais sorte, e mais prazer, pessoal e profissional, ao acompanhar de perto outra das principais atrações daquela edição do Fórum — mas não o megainvestidor George Soros, falando de investimentos e liberdade, nem a primeira-ministra britânica Theresa May assumindo a bandeira do Brexit, muito menos o presidente brasileiro Michel Temer, que falou para um auditório longe da lotação. Na véspera, tinha tanta gente para ouvir o primeiro-ministro da Índia que muitos interessados não conseguiram entrar. Boa parte da plateia de Temer era de chineses, menos por interesses claros no Brasil e mais para ouvir o orador seguinte, Liu He, homem-forte da economia do regime de Xi Jinping, que nem não compareceu.

No pronunciamento, Temer repetiu pelo menos uma frase de efeito de Trump: "O Brasil está de volta" (claro que, no caso do americano, ele falou "os EUA..."). Ressaltou a recuperação da economia e a importância da agenda de reformas que garantiria, segundo ele, a consolidação de um novo Brasil. Na volta ao hotel, Temer não escondeu a irritação quando lhe perguntei o que tinha achado da menção feita por Klaus Schwab à perpetuação de casos de corrupção no curto governo dele e se isso poderia interferir na eleição presidencial que aconteceria dali a menos de um ano. A Schwab, Temer respondeu que o tema teria lugar no debate, mas que confiava no fato de que, no Brasil, as instituições estavam funcionando. A mim e aos colegas que o cercamos no saguão do hotel, Temer disse, com perceptível impaciência, que não iria mais tolerar "essas coisas", deixando no ar a dúvida se a referência era aos casos de corrupção ou a casos de corrupção que eventualmente acabassem sendo ligados a ele.

Mas a fala que tive mais prazer em acompanhar de perto em Davos não foi, como disse ali atrás, de nenhum dos líderes políticos ou empresários presentes. Foi a do historiador e escritor israelense Yuval Harari, que surfava na onda do sucesso de dois best-sellers, *Sapiens: uma breve história da humanidade* e *Homo deus: uma breve história do amanhã* e se preparava para lançar *21 lições para o século 21*. A delgada e careca figura falou calmamente da certeza que tinha de que os anos do *homo sapiens* na Terra estão contados e que daqui a cem ou duzentos anos, imperarão no planeta outros seres. Esses seres serão, na visão dele, bem mais diferentes de nós do que nós somos diferentes do homem de neandertal ou dos chimpanzés. Tudo fruto do avanço da ciência e da capacidade de construir ou reconstruir corpos e, principalmente, cérebros. Anotei um alerta: "Quem vai decidir os caminhos será quem tiver os dados." No caso, ele não se referia apenas aos nossos dados pessoais, sobre contas ou deslocamentos, que, sabemos, são analisados e usados para direcionar o consumo, por exemplo. Harari falava dos dados biométricos que, quando bem analisados, podem indicar exatamente como reagimos a tal ou tal estímulo e criar situações, produtos, sistemas políticos para os quais nossas reações serão no mínimo antecipadas, quando não totalmente direcionadas. O paralelo que ele fez, e que outros estudiosos fizeram, tinha a ver com o valor intrínseco dos dados. Um valor que já foi atribuído a terras, depois ao maquinário, ao capital financeiro. Elementos, por assim dizer, que dependendo de sua concentração por um ou outro grupo, determinaram a criação de classes, de correntes políticas, de modelos econômicos. Mas isso era passado. O que preocupava Harari (e, tenho certeza, alimentou a preocupação da plateia) era o alto valor dos dados e os efeitos de sua concentração nas mãos de poucos, de poucas empresas. O historiador disse ainda que pouca gente no planeta sabia o tanto que estava em jogo, e as grandes empresas de tecnologia estavam nesse seleto grupo. Só não fiquei mais desesperado porque mais adiante, numa outra fala, o intelectual israelense abordou com esperança a evolução da consciência humana versus os perigos da inteligência artificial. Claro que esta última traz vários perigos embutidos, Harari deu como exemplo os veículos autônomos e seu potencial de causar acidentes. Mas lembrou que um número muito maior de acidentes daquele que, calcula-se, poderia ocorrer, já estava acontecendo, ano após ano, por causa da imprudência ou da irresponsabilidade de motoristas humanos.

 Depois da fala de Yuval Harari, outra que me deu alguma esperança no futuro foi a do bilionário chinês Jack Ma, o pequeno grande homem por trás da gigante do comércio virtual Alibaba. Depois de falar sobre a construção do sucesso no mercado, da importância de atender aos anseios do consumidor e contribuir para criar outros, do crescimento veloz e inevitável da automação, da revolução na forma como entendemos o trabalho, do império da máquina, Jack Ma falou do que ele achava importante fazer, no âmbito da educação, para evitar que as futuras gerações sejam atropeladas pela tecnologia. Com um sorriso no rosto, Jack Ma disse que seria cada dia mais importante ensinar coisas que as máquinas não fazem ou não têm em si. A capacidade de desenvolver empatia, o improviso em situações inesperadas e a arte, de olho no prazer e na realização genuína que ela pode proporcionar. Ou seja, fui parar nos Alpes suíços, no meio de grandes nomes da política e da economia do mundo, cruzando com gente que tomava decisões que, em boa medida, afetavam a vida de cada um de nós, para ser lembrado da importância das pequenas coisas que nos fazem humanos e de como apostar nelas sempre poderia fazer a diferença.

Com a cabeça nas alturas, mais altas do que as montanhas nevadas ao redor, caminhei, tentando a todo momento não escorregar no gelo, rumo a um posto de gasolina, onde tinha marcado um encontro com a Bianca para combinar a agenda do final da tarde. Avistei minha amiga de longe, mas não no quentinho do carro, que estava estacionado com Jurg ao volante, mas no frio, em pé. Quando me aproximei, ela se virou e me deu um forte abraço, aos prantos. Sabia que estávamos trabalhando muito, mas o que teria acontecido para deixar uma profissional tão tarimbada abalada daquele jeito? Logo descobri que não era o trabalho, mas a vida, que seguia seu curso, nem sempre justo. Minha amiga me contou que tinha acabado de falar com o médico que vinha acompanhando o tratamento de fertilização a que estava se submetendo. Um tratamento longo, penoso e caro que a obrigava a viajar da Suíça até o consultório do médico, na Espanha, para implantar os óvulos. Há poucos dias ela havia concluído a última etapa desse processo depois de algumas tentativas frustradas. O médico avisara que, se não funcionasse daquela vez, ela não engravidaria. E não tinha funcionado. O que você faria no meu lugar? Pois eu, enquanto tentava confortar minha amiga com um abraço amigo, só consegui dizer que a ciência não sabia de tudo, que a medicina não tinha uma fórmula exata e definitiva para todos os problemas. Mas, sinceramente, fiquei muito triste com aquela situação. Uma tristeza que com certeza era muito menor do que a da Bianca e muito menor do que a de qualquer mulher num momento como aquele. O homem nunca vai entender a complexidade e a maravilha de ser capaz de gerar uma vida. Por isso mesmo nunca vai entender totalmente a tristeza de não poder fazer isso. Aqueles minutos em que tentei demonstrar que pelo menos compreendia a importância e o tamanho da frustração que ela sentia, mesmo não podendo fazer quase nada para mudar os acontecimentos, acabaram marcando o final daquela cobertura em Davos.

No dia da volta, Bianca estava animada de novo, ou parecia. O marido dela, Guilherme, tinha combinado de encontrá-la para esticar um fim de semana de esqui. E me despedi da minha amiga na porta do teleférico que a levaria até uma das pistas que ficavam no entorno da cidadezinha, algumas dezenas de metros acima. Deixamos o Erivan no centro de Zurique, me despedi do Ross e do Jurg e voltei para o Rio. Tinha dado tudo certo, menos aquela história. Era a vida. Que continuou. Alguns meses depois, Bianca me avisou que, sem tratamento, sem nada, estava grávida. Imagina a minha alegria. Não chegava aos pés da dela, claro, mas foi imensa também, uma alegria aliviada. Mais alguns meses e nasceu Marie-Louise, uma lindeza de menina. Valeu todo o sacrifício.

Essa história tem uma imagem para subir os créditos finais. Na edição seguinte do Fórum Econômico Mundial, não pude ir. A Bianca, sim. Um dia, recebo um vídeo no celular. Ela dentro de um carro, sorridente e feliz, Marie-Louise, no colo, também toda sorrisos, e diz a minha amiga: "Marcelo, olha onde a gente tá passando…"

A câmera vira e mostra o mesmo posto de gasolina que foi palco daquele encontro tão triste.

É, a Terra é redonda, o mundo dá voltas, e nele, por mais que não pareça, por mais que seja difícil acreditar, sempre existe a possibilidade de uma felicidade inesperada, capaz de superar as maiores tristezas. Vamos em frente.

REINO UNIDO

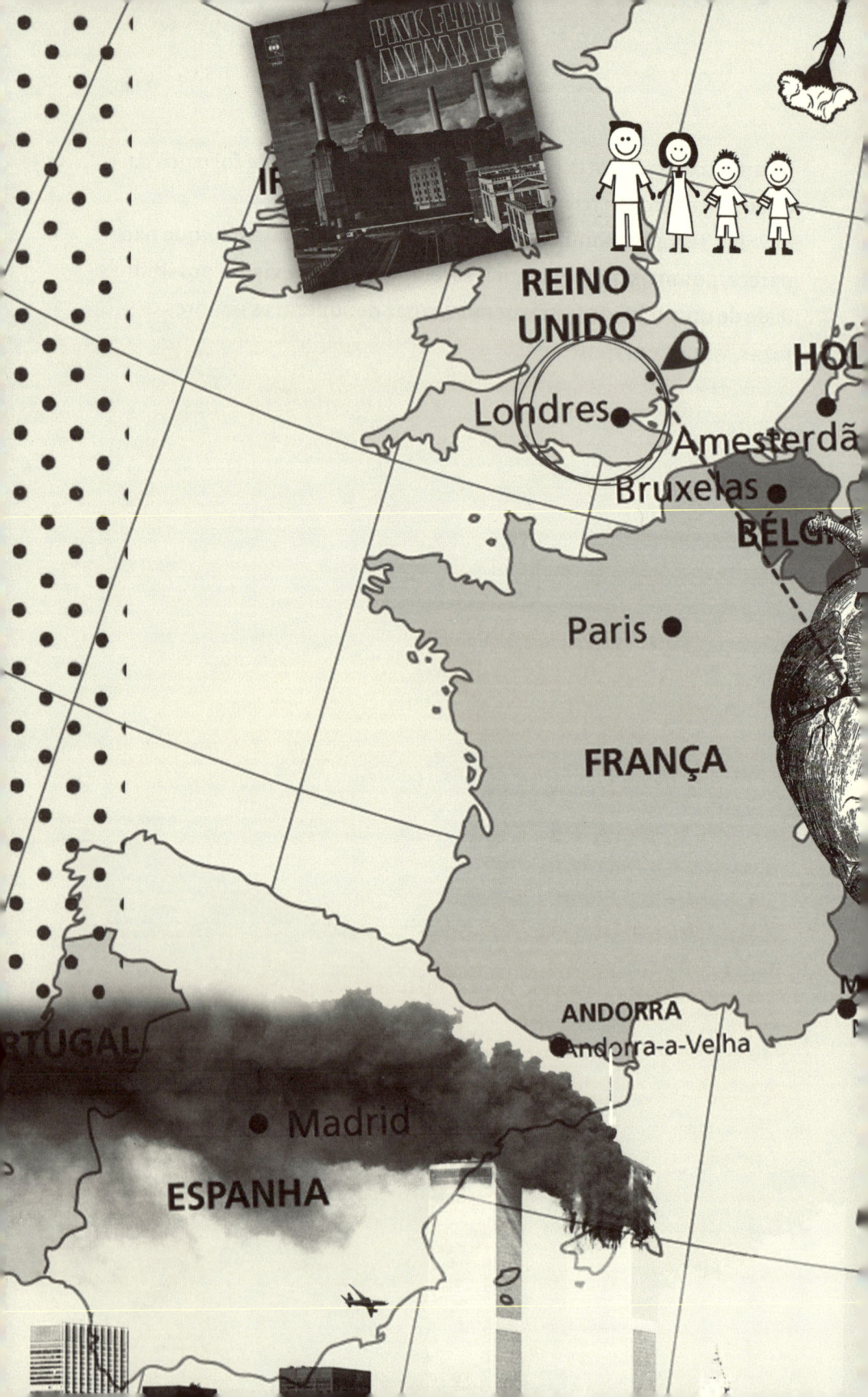

Londres

Amesterdã

Bruxelas

BÉLG

Paris

FRANÇA

ANDORRA
Andorra-a-Velha

Madrid

ESPANHA

PORTUGAL

AMARCA
penhaga
Riga
LETÓNIA
LITUÂNIA
Vilnius
Kaliningrado
(Rúss.)
Minsk
BIELORRÚSS
Berlim
Varsóvia
ALEMANHA
POLÓNIA
BURGO
Kie
Praga
REP. CHECA
U C
ESLOVÁQUIA
Bratislava
MOL
Viena
Budapeste
LIECHTENSTEIN
Vaduz
ÁUSTRIA
HUNGRIA
ESLOVÉNIA
Liubliana
Zagrebe
ROMÉN
CROÁCIA
Belgrado
BÓSNIA
Bucares
HERZEGOVINA
SÉRVIA
S. MARINO
Sarajevo
Podgorica
S. Marino
MONTENEGRO
KOSOVO
VATICANO
Roma
Skop
MACED
ITÁLIA
Tirana
ALBÂNIA
GRÉCIA

POSFÁCIO DE FÉRIAS

Não, você não viu errado, o livro acabou ali atrás. Isso aqui é o que a gente chama comumente de lambuja e que os intelectuais inventaram de chamar de posfácio. Mas de férias? Sim, por mais que escrevendo eu esteja trabalhando, essa história tem a ver com férias. Mais precisamente minhas férias em setembro de 2001.

Namorava há cerca de seis meses a mulher que viria a ser a mãe dos meus filhos e com quem sigo há vinte anos — mas ainda não sabia disso. Sabia que estava feliz e que Clarissa e eu merecíamos umas férias bacanas. Inglaterra, país pelo qual tinha antiga paixão, e Itália, das memórias de infância e onde meu pai tinha trabalhado anos antes, na FAO, a agência da ONU para alimentação e agricultura, sediada em Roma, pertinho das termas de Caracalla.

Tínhamos chegado a Londres havia poucos dias, naquele setembro de clima agradável. Ficar hospedado na casa do meu amigo peruano Luís, chapa dos tempos da BBC, ajudava muito no orçamento e no sempre saudável processo de realimentar a amizade. Na época, ele vivia com uma namorada espanhola, o que nos rendeu uma bela *tortilla* de boas-vindas. Contentes por podermos bater pernas sem rumo numa cidade que adoro, fomos visitar a Tate Modern, instalada desde 1995 numa antiga usina termoelétrica às margens do Tâmisa e, desde então, uma das grandes atrações turísticas londrinas. O "*modern*" no nome é a mais pura verdade, já que as instalações foram pensadas para abrigar mostras de arte contemporânea, britânica e internacional, havia muito sem espaço na pequena e original Tate, perto do histórico Parlamento.

A Tate Gallery foi inaugurada no final do século XIX, no prédio onde ficava a prisão de Millbank, e deve seu nome a lord Tate, um filantropo que fez fortuna no comércio de açúcar. É famosa pela extensa coleção de arte britânica, notadamente pelo acervo do grande pintor romântico Joseph Mallord William Turner, imbatível e emocionante ao retratar o céu, suas cores, luzes, sombras e seus humores. A Tate Modern, não; essa abria espaços gigantescos para artistas contemporâneos do mundo, produzindo admiração e esmaecimento onde antes era queimado carvão para produzir energia. Uma sequência lógica, eu diria. E Londres tem uma história interessante com antigas termoelétricas.

Essas instalações, eminentemente sujas pelo volume de poluição que produziam sem cessar, foram fundamentais desde a Revolução Industrial até meados da década de 1950, quando o país incorporou à sua matriz energética as usinas nucleares. O símbolo maior daquela era em Londres é a Battersea Power Station, na margem sul do Tâmisa. Entrou em operação em 1929, mas só ficou totalmente pronta com uma segunda unidade, em 1955. Funcionou até meados da década de 1970, queimando carvão para produzir eletricidade. Ganhou fama mundial já aposentada, quando ilustrou a capa de um dos melhores discos, *Animals*, de uma das melhores bandas britânicas de todos os tempos, o Pink Floyd. Jovens, corram atrás do "disco do porco voando". Mais experientes, deliciem-se com mais uma audição, só faz bem.

Pois, naquele setembro de 2001, a grande atração da Tate Modern, alguns quilômetros a nordeste, mas na mesma margem sul do histórico rio que serpenteia cortando a antiga Londres em dois, era a exposição The Weather Project, do artista dinamarquês Olafur Eliasson, e nela, um gigantesco sol que iluminava com sua luz profundamente amarela a enorme área onde antes ficavam as turbinas da usina. A energia da arte iluminando um mundo eventualmente sombrio era o que muitos deviam pensar. Na saída, e ainda impactado por aquela mostra do gênio humano, liguei, como combinado, para minha amiga Babeth, que trabalhava na mesma BBC onde o Luís ainda era empregado e onde eu mesmo tinha trabalhado seis anos antes. Onde o mineiro Jáder de Oliveira fazia seus boletins de rádio desde o final da década de 1960, onde o Ivan Lessa produzia, na minha opinião, o melhor texto da imprensa brasileira, mesmo que escrito no exterior, e onde, na década de 1940, Antonio Callado tinha participado da cobertura da Segunda Guerra Mundial.

Babeth atendeu com voz aflita. Avisou que tudo indicava que não poderia nos encontrar num pub, como combinado, porque estava trabalhando dobrado num incidente de grandes proporções que tinha acabado de acontecer em Nova York. Uma das torres gêmeas do World Trade Center acabara de ser atingida por um avião alguns minutos antes. Na hora, eu não sabia da dimensão do que estava acontecendo. Saímos caminhando a esmo, pensando no que fazer, quando vimos uma aglomeração num pub. Imaginei que fosse algum evento esportivo, mas era terça-feira, não faria muito sentido. Entramos. Todos os olhos dos clientes e funcionários estavam voltados para o alto, na direção das telas de TV. Olhei também, a tempo de ver um segundo avião atingir a segunda torre. A estupefação, o choque. Não sabia o que pensar. Tentei ligar para a redação no Rio, só dava ocupado. Peguei minha *pint* de Guinness, vidrado na televisão. Liguei de novo. Nada. Pensei no que poderia acrescentar à cobertura, que àquela hora, imaginava, já deveria estar frenética. Não consegui elaborar nada que fizesse muito sentido ou desse relevância a uma eventual participação. Estava de férias. O escritório de Londres já estaria compilando reações e possíveis desdobramentos no mundo daquele que, logo percebemos, era o mais grave ataque em solo americano desde Pearl Harbor. O maior ataque terrorista contra os Estados Unidos. Recolhi-me à minha circunstancial insignificância jornalística e, pelas próximas horas, pelos próximos dias, fiquei em transe acompanhando a cobertura dos canais, jornais e rádios do Reino Unido. Uma aula de jornalismo em vários módulos. Do noticiário duro e objetivo a análises elaboradas. Dos testemunhos dos sobreviventes à dor dos parentes das vítimas, da solidariedade internacional para com a capital do mundo ao incansável destemor das equipes de resgate, bombeiros, médicos, enfermeiros e policiais. Das reações dos cidadãos comuns às falas das autoridades. Uma aula.

Dali para frente, a visita turística a Londres virou quase que o cumprimento de uma formalidade. O mundo tinha mudado e eu estava de férias. Clarissa nunca se esqueceu da incompreensão que experimentou ao me ver dizendo que gostaria de estar trabalhando. Mas era a mais pura verdade.

Alguns dias depois, com essa frustração nas costas, e na carreira, estávamos no aeroporto de Heathrow, o maior da cidade, um dos mais movimentados do mundo. A segurança estava reforçada nos saguões, na checagem dos passaportes, em todo lugar. Eu não fazia a barba há dias, reparei ao olhar minha cara num espelho. Pareço um terrorista, pensei, a caminho do embarque. Gelei. Não tinha guardado na mala um grande canivete de estimação que costumava levar em viagens. Estava na mochila. Pensei na minha barba, imaginei que seria preso. A mochila passou incólume pelo raio-x. Poucos dias depois dos atentados de 11 de Setembro. Inacreditável.

Destino: aeroporto de Fiumicino, Roma. De lá, rumo à Toscana, a vida continuava. Na região do Chianti e de Florença, Pisa, Carrara e Siena, tinha escolhido Certaldo, "terra de Boccaccio", como base. Dali faríamos incursões. Em Certaldo, dormiríamos num antigo castelo renascentista transformado em pouso turístico. *Mezzo* hotel, *mezzo* albergue para mochileiros. Ficaríamos num quarto do hotel. E foram dias espetaculares, com direito a visita a San Geminiano e Siena, mergulho num rio da região, muito vinho honesto e, fecho de ouro, duas noites em Florença, num hotel que reservamos da estação de trem. Nada de bagunça italiana. Organização europeia.

Da Toscana, seguimos para Roma, derradeira escala antes da volta ao Brasil. Meu pai já havia combinado com o amigo Paolo, de quem ficara muito próximo nos tempos da FAO, que nos hospedaríamos na casa dele. Aguardamos no salão das bandeiras da agência da ONU a chegada do nosso anfitrião. Dali para a estação, de onde seguiríamos para Anguillara, a quase uma hora de trem a noroeste, às margens do lago de Bracciano, onde Paolo havia comprado, anos antes, a casa de uma antiga fazenda, que transformara em moradia. Lá vivia com a mulher, Christiane, francesa e artista plástica. Um dos galpões da antiga fazenda tinha sido transformado em ateliê, e o lugar era perfeito para dar a necessária tranquilidade que, dizem, facilita a criação.

Mal chegamos e, no primeiro papo, Christiane disse que precisava mostrar uma coisa. E lá foi ela para as bandas do ateliê, de onde voltou com uma escultura nos braços. Olhou para a obra e para a Clarissa e disse: "Acabei de esculpir você!" Olhei e só consegui enxergar um busto, na verdade uma cabeça desconstruída, com um rosto de formas angulosas que, com algum esforço, poderia remeter a uma tentativa de replicar Picasso na fase cubista analítica. Nada ali remetia à minha então namorada. O sorriso amarelo de Clarissa revelava que ela tampouco tinha se reconhecido naquela obra, que ganhou de presente assim mesmo.

À noite, conversávamos miolo de pote (expressão que meu pai adorava usar, equivalente a "jogar conversa fora") na sala quando alguém bateu na porta. Eram o vizinho e a mulher dele. Um casal na faixa dos setenta anos, que criava vacas leiteiras, poucas, e vivia de vender o que produzia a uma cooperativa, parte de um acordo da política agrícola da União Europeia. Chegaram com uma garrafa e um pacote de papel pardo. Na garrafa, o que parecia ser vinho era mosto, bebida turva, resultado do início da fermentação das uvas colhidas nos últimos meses. Sim, o casal também cultivava um pequeno vinhedo. Não era mais suco de uva, mas não era ainda vinho, e a tradição mandava que esse mosto fosse compartilhado com amigos e bebido com *cantuccio*, um misto de pão e biscoito de amêndoas, seco e duro na mordida, mas saborosíssimo e logo umedecido com generosos goles de mosto, doce e levemente alcoólico. O velho homem do campo era também um comunista da velha guarda do PCI, dos tempos pré-*aggiornamento*, que foi o processo de renovação e atualização, digamos, do Partido Comunista Italiano, promovido na década de 1970 pelo então secretário-geral Enrico Berlinguer. O falante vizinho era ainda, ou justamente por isso, um crítico feroz do primeiro-ministro Silvio Berlusconi, de quem as orelhas devem ter esquentado bastante naquela noite.

Aqueles dias em Anguillara, com necessárias idas a Roma, foram marcados ainda por uma greve ferroviária, que acabou nos fazendo pegar uma carona com um desconhecido para encontrar um trem expresso numa estação mais longe do vilarejo. E teve também uma pequena frustração consumista.

Não lembro se já mencionei, mas sou um péssimo consumidor, o que por um lado é bom, já que jornalismo não é exatamente uma profissão que alguém abraça pensando em acumular patrimônio. Ao mesmo tempo, pode prejudicar a compra de itens necessários, eventualmente cobiçados. Como aconteceu.

Num dos passeios por Roma, descobri perto da Piazza di Spagna, no coração turístico da "cidade eterna", uma loja de sapatos que tinha na vitrine um modelo de uma marca espanhola que eu adorava. Tinha meu número, estava em promoção, ótimo preço. Sabia disso porque já havia visto modelos parecidos em Londres e em Florença, que achei sempre caros. Clarissa, tarimbada localizadora de boas ofertas e especializada em dicas certeiras disse "Compra logo...!", mas eu preferi deixar para comprar no dia seguinte, o último antes da viagem de volta. A loja não sairia dali, o sapato não tinha uma demanda assim tão grande.

Leves e sem sacolas, fomos almoçar no Campo dei Fiori, numa cantina que ficava em frente à estátua de Giordano Bruno, o frade dominicano, mas também teólogo, filósofo, poeta, matemático, teórico da cosmologia, entre outras coisas, condenado à morte pela Inquisição em 1600 por ousar questionar pensamentos defendidos pela Igreja daquela época, notadamente em relação ao universo, que ele já sabia infinito, e nele, a posição da Terra. Foi queimado numa fogueira montada exatamente onde, séculos depois, foi erguida aquela estátua, visível entre as barracas de flores da praça florida no nome.

Bebemos um simpático Frascati, produzido na região dos Castelli (castelos), elevações em torno de Roma conhecidas pelo clima ameno, pela porchetta, versão local do leitão à pururuca, e por aquele vinho branco popular, a ser tomado no almoço em dias mais quentes. Mais dois detalhes: é na região dos castelos que fica Castel Gandolfo, onde o papa tem sua residência de verão. A outra coisa é que Frascati pode ser refrescante, mas também pode inviabilizar um passeio, por mais romântico que seja, se consumido numa tarde de calor excessivo, como aquelas frequentes no verão romano. Ainda mais se soprar o *sirocco*, vento quente que tem sua origem nos desertos do norte da África.

Naquela tarde, se bem me lembro, não soprava vento algum. Mas o calor era bastante desconfortável, principalmente para quem tinha bebido algumas boas taças de Frascati. Aprendi para nunca mais. Na hora de dormir, já de volta à casa de Paolo, repetiu-se uma cena da noite anterior com os mesmos personagens e o mesmo acessório. Clarissa, eu, o cachorro da casa e um cinto. Nós dois só queríamos descansar. O cachorro, descobrimos no primeiro dia, apesar de todo o espaço ao redor, só dormia dentro de casa. Por uma infeliz coincidência, na sala, onde estava montada nossa cama. E aparentemente ocuparíamos o mesmo espaço. Ou assim parecia desejar meu antagonista canino. Fui obrigado a apelar para o cinto. Não para bater no mastim, mas para mantê-lo a uma distância civilizada, depois que ele ignorou todas as argumentações mais calmas. Enfim, dormimos... Chegado o dia da partida, uma questão se impunha: a escultura. Não era leve, não cabia nas malas. Admito que cheguei a pensar em levá-la para o aeroporto e deixá-la numa cabine de banheiro. Mas o 11 de

Setembro ainda estava muito fresco na memória, lembra? Imaginei logo a manchete "Jornalista brasileiro preso depois de deixar pacote suspeito em um banheiro de Fiumicino". Teríamos que levar, por mais trambolho que fosse o trambolho.

Arrumamos tudo, comemos algo, demos uma última volta pelas redondezas, pegamos uma carona com a dona da casa.

Chegando no aeroporto, dei-me conta de que, depois de tantas dúvidas, na correria da saída, simplesmente tinha esquecido a escultura no cantinho onde a tinha deixado exatamente para lembrar. Não dava mais tempo de voltar, preferimos não alertar os donos da casa. Viajamos. Corta.

Quase dois anos depois daquela viagem, meu pai foi fazer uma consultoria para a FAO, em Roma e, claro, visitou Paolo, que lembrou da nossa passagem, do papo com o vizinho, de uma noite em que comemos um belo *fritto di pesce*. Meu pai contava isso animado, no agradável terraço do apartamento que ele havia comprado com minha mãe não fazia muito tempo em Laranjeiras, a dois passos do Fluminense Football Club, pertinho de outro apartamento, onde a família toda havia morado anos antes. Aquele foi o único imóvel que adquiriu na vida e era um lugar especial para o casal, que se preparava para festejar quarenta anos de união. Abrimos mais uma cerveja e, de repente, meu pai se lembrou de alguma coisa. Foi lá dentro e voltou com algo nas mãos e um sorriso. "Olha o que vocês esqueceram na casa de Paolo e eu trouxe de volta!" Sim, a escultura que achávamos longe, ali. O que tem que ser, será.

Meu pai era um homem bom, com um grande coração. Minha mãe sempre soube disso. Minhas irmãs e eu aprendemos logo. Minha mulher também, assim como os muitos amigos que ele fez na vida. Agora você também sabe. Que o Altíssimo o tenha em bom lugar.

Direção editorial
Daniele Cajueiro

Editora responsável
Janaína Senna

Edição de texto
Stéphanie Roque

Produção editorial
Adriana Torres
Mariana Bard
Mariana Oliveira

Revisão
Daiane Cardoso
Thaís Carvas

Projeto gráfico de miolo
Larissa Fernandez Carvalho

Diagramação
DTPhoenix Editorial

♥

Este livro foi impresso em 2021
para a Agir.